U0154448

兒童福利

林勝義　著

五南圖書出版公司 印行

四版序

　　在綿延不絕的時間長流中，物換星移；在廣袤無垠的空間畛域裡，滄海桑田。兒童福利在時空急速變遷之下，豈能以不變應萬變？

　　這一版次的修正，主要是因應衛生福利部成立，將兒童福利業務由內政部（社會司）劃歸衛生福利部（社會與家庭署）主管，在政策、法規、行政及相關措施都有重大變遷，必須修正，其重點包括：

　　一、更新當前的兒童福利政策：提供托育補助及育兒津貼、推動家庭托育登記及安置、精進收出養服務制度、強化機構安置專業服務品質、推展多元家庭支持服務等政策，藉以落實兒童及少年福利與權益保障法。

　　二、改寫兒童福利的行政體制：在中央政府方面，針對衛生福利部社會及家庭署及其下所設「兒少福利組」，簡述其組織及業務；在直轄市、縣市政府方面，則更新兒童福利相關科室的資料。再者，有關私立兒童福利機構的立案與許可、兒童福利機構的評鑑與獎勵，也是行政體制的重要環節，且近二年有所修正，此次乃予補充。

　　三、微調兒童福利機構設備標準：2013 年 12 月，衛生福利部修正兒童及少年福利機構設備標準，在設備方面有一些調整，例如：托嬰中心應依收托規模、兒童年齡及發展能力不同分別區隔；托育機構須視服務性質，設置多功能活動室、會談室；且在情緒調整室之外，增設感染隔離室。

　　四、調整兒童福利專業訓練課程：2014 年 1 月，衛生福利部修正兒童及少年福利機構專業人員資格及訓練辦法，對於相關專業人員訓練課

程的名稱及內容做了相當幅度的調整，例如：「兒童及少年福利法規導論」，更名為「兒童及少年福利與權益保障相關法規導論」；「親職教育」擴充為「多元文化與親職教育」；主管人員訓練增設「健康照護」等。

最後，兒童及少年福利與權益保障法於 2014 年 1 月 22 日增訂第 90-1 條條文，並修正第 53、76 條條文。其中，第 53 條新增：國內大眾交通運輸、文教設施、風景區與康樂場所等公營、公辦民營及民營事業，應以年齡為標準，提供兒童優惠措施。亦即不再因循慣例以「身高」為優惠標準，這次在相關措施中也相應修正。

由上不難揣知，我國的兒童福利，除了承續社會福利的傳統之外，在衛生福利部接掌兒童福利之後，更重視健康（health），更強調福祉（well-being），這是大勢所趨，沛然莫之能禦。舉凡關心兒童福利的人士，可能無法忽略這樣的發展，期待大家相互鼓勵，相互支持、相互打氣。

林勝義

再誌

序言

　　「希望國家保護我們，不讓我們受到虐待、遺棄；所有的小孩都能和爸爸、媽媽快樂的生活。」這是新世紀臺灣兒童新願宣言裡的一段話。從這一段宣言，我們可以感受到：保護兒童的權益，遠離虐待的傷害，是當前兒童福利的重要課題；讓兒童擁有美滿的家庭，可以快樂的生活，則是兒童福利工作的主要目的。

　　基於此種體認，本書企圖對兒童福利的相關課題進行全面性探討，以供現在及未來的兒童福利工作者參考，共同為兒童營造一個快樂成長的環境。奈何，兒童福利所涉及的範圍相當廣泛，事實上無法面面俱到，所以只能採取「理念—政策—法規—制度—福利服務」的分析架構，針對兒童福利的主要議題略作分析，希望能夠比較有系統的呈現兒童福利的輪廓。

　　第一，在理念方面，首先闡釋兒童福利的意義、功能、內涵及研究方法，然後再從國際與臺灣在兒童福利發展過程的重要事件中，瞭解兒童福利的轉變情況，藉以認知兒童福利的基本理念。

　　第二，在政策方面，除了提出兒童福利政策取向的類型之外，針對我國兒童福利密切相關的政策略加剖析，包括憲法基本國策的主張、社會福利政策綱領的規定，並進而探討當前的兒童福利政策，以利於把握兒童福利工作的方向。

　　第三，在法規方面，僅就兒童及少年福利法、兒童及少年性交易防制條例、兒童福利機構設置辦法進行分析，並歸納其立法的特色，以便掌握法規的精義，順利推動兒童福利措施。

　　第四，在制度方面，以行政體制與專業制度為焦點，分別敘述中

央、直轄市及地方政府的兒童福利體制,以及兒童福利專業人員的專業特性、資格訓練和考選任用,以協助兒童福利工作者充實專業素養,並瞭解爭取行政支援的管道。

第五,在福利服務方面,參考美國學者卡都興(Kadushin)等人的分類,就支持性、補充性、替代性的服務措施,擇要分析,並將兒童保護從支持性服務項下抽離出來,單獨討論,以突顯其在現代社會的重要性。

此外,為了擴充視野,擷取其他國家推動兒童福利的經驗,本書特別對世界主要國家的兒童福利進行比較,並歸納其發展趨向,以做為臺灣未來繼續推展兒童福利時有所借鏡。

當然,我們更加關心臺灣的原住民兒童、大陸與外籍配偶及其子女、中途輟學兒童等潛在問題。雖然,我們只是揭露問題,還沒有提供答案,但是研究發展需要大家共同努力,相信未來臺灣的兒童福利將有更美好的願景。

林勝義

謹識於臺師大

目錄

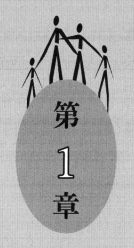

第 1 章

兒童福利的意涵

「工作暫且擱下，為了孩子們。他們有美好的日子和溫馨的時光，寧可為他們花很多時間，即使工作漸次停擺」（Work was steady for a while, But so were the children. There were good days and warm times, But there were lots of times, When his work died off.）（Barg-Weger, 2010: 48）。

正因為每一個人只有一個童年，而且兒童是人生的第一個階段，未來有無限的發展潛能，所以世界各國為了兒童的健全發展，無不重視兒童福利工作，希望能為兒童營造一個健康、幸福、快樂的成長環境。

本章首先說明兒童福利的意義、功能、內涵及研究方法，以便對兒童福利有一些基本的認識。

第一節

兒童福利的意義

兒童福利（child welfare），是社會福利的一個領域，也就是以「兒童」為對象所實施的社會福利工作。

然而有關兒童年齡的界定，學術界就眾說紛紜，莫衷一是。如果依據一個人在學校的求學過程而言，一般界定國民小學以前的時期為兒童期，國中和高中階段為少年期，大學階段為青年期。所以，「兒童」通常指 12 歲未滿的人，我國兒童及少年福利與權益保障法第 2 條就規定：「本法所稱兒童，指未滿 12 歲之人。」但並不是所有國家都將兒童福利的對象界定為 12 歲以下，例如美國兒童福利服務的對象就包括 17 歲以下的少年，日本則將兒童福利的對象擴及少年期，包括 18 歲以下之人。

至於「兒童福利」的解釋，也有許多不同的觀點：

一 兒童本位觀點

聯合國早在 1959 年 12 月所通過的「兒童權利宣言」（Declaration of the Rights of the Children），指出：凡促進兒童身心健全發展與正常生活為目標的各種努力及事業，稱之為兒童福利。這個定義強調以兒童為本位，努力滿足兒童的生活需求，以促其身心健全發展。

二 家庭親職觀點

美國兒童福利聯盟（Child Welfare League of America, 1990）指出：兒童福利是提供給兒童和青少年，尤其是其父母無法實踐兒童養育（child-rearing）之責，或其所住之處無法提供資源和保護措施給有需要的兒童及其家庭。這個定義著眼於家庭與兒童的連結性，以促使兒童能在原生家庭中成長。

三 社會工作觀點

美國學者卡都興和馬汀（Kadushin & Martin, 1988）認為：兒童福利是社會工作領域的一項重要專業，協助兒童的方法，最好是以支持、增強及補充，來強化家庭的功能。這個定義主張運用社會工作的專業方法來照顧弱勢兒童。

此外，國內兒童福利界則時常從廣義和狹義加以解釋，認為廣義的兒童福利，是以「發展取向」（development orientation）為主，充分運用一切能促進兒童發展的各項資源，以強化兒童的發展；狹義的兒童福利，是以「問題取向」（problem orientation）為主，針對遭遇各種不利

情境的兒童或其家庭，提供有效的服務（周震歐，1997；彭淑華，1998）。

一言以蔽之，無論基於何種觀點或取向，兒童福利都在促使兒童的需要能夠獲得充分滿足，身心能夠獲得健全發展。

 第二節

兒童福利的功能

兒童福利是社會福利的重要措施，所以兒童福利的功能，就是在促進社會福利功能的充分發揮。

基本上，社會福利有治療（remedial）、預防（preventive）與發展（development）等功能。如果從這三方面來分析兒童福利的功能，可以包括：

一 滿足兒童的需求

這是治療的功能，因為兒童的身心發展尚未成熟，缺乏獨立自主的能力，如果遭遇貧困、失依、失學、患病、身心障礙等問題，其基本生活需求可能得不到滿足，而有賴別人給予協助。

兒童福利的相關措施，即在依據兒童的福利需求，提供適當的救助、安置、醫療、保護、輔導等服務，以協助其解決問題，滿足需求。

二 補充家庭的不足

這也是治療的功能，針對現代家庭核心化和雙薪化所造成家庭功能式微的情況，提供必要的福利措施以彌補其不足，並進而協助家庭恢復

其應有的功能。

例如,在核心家庭中,婦女一旦投入就業市場,兒童照顧可能頓成問題,而需要托育服務。尤其,低收入、單親、原住民或有身心障礙兒童的弱勢家庭,可能更迫切需要兒童福利,以補充或恢復其家庭有關兒童保護、經濟、教育、休閒等方面的功能。

三 維護兒童的權益

這是預防的功能,因為兒童沒有選票,也不會自己走上街頭去爭取其應有的權益,如果兒童的基本權益受到委曲、壓抑或侵害,必須藉助於兒童福利的政策、法規、措施或服務,以確保其權益。

換言之,兒童不僅是國家未來的主人翁,他現在就是國民的一分子,兒童時期無法重來,兒童權益不能等待,無論基於人道主義或社會正義,兒童的權益都應該及時受到合理的對待,所以預防兒童權益受損,這是社會共同的責任,也是兒童福利不容忽視的課題。

四 增進兒童的能力

這是發展的功能,因為兒童是國家與社會未來希望的象徵,基於兒童未來可能的貢獻與生產力,現代國家無不重視兒童福利,並主張從促進兒童的健全發展著手,以奠立良基,循序進行,逐步建立福利國家(welfare state),塑造福利社會(welfare society)。

近來,部分學者提出「倡導」(advocacy)和「充權」(empowerment)的觀念,就是期待經由政策或制度的倡導,引領服務對象自我發展的能力(林勝義,2012)。所以,現代的兒童福利,強調兒童的全面照顧,並運用社會工作的專業方法,即在協助所有兒童健全發展,以增進

潛在能力。

五  啟發兒童的愛心

　　這也是發展的功能，因為兒童天真無邪，活潑可愛，可塑性最強，如果我們對兒童提供適當的協助，不但在服務提供者本身是一種愛心的表現，對於所有兒童也是一種良好的示範。尤其對於受助兒童，可以讓他在幼年時期就感受到社會的「愛、關懷和瞭解」，將來長大成人之後，自然比較知道如何關懷社會，幫助別人。所以，推展兒童福利，不但可以激勵成年人的愛心，也具有啟發兒童關懷社會的功能。

　　事實上，兒童福利的功能，通常是治療、預防、發展三合一，並以「家庭」為核心。因為家庭是社會的基本組織，也是兒童成長的主要場所，所以兒童福利的各項措施，無非在恢復及發展家庭的功能，建構一個以「家庭」為基礎的兒童福利。

第三節

兒童福利的內涵

　　兒童福利是社會福利的一個次領域。社會福利通常涵蓋社會保險（social insurance）、社會救助（social assistance）及福利服務（welfare service）三方面。其中，福利服務也稱為個人的社會服務（personal social service），主要對象包括兒童、少年、婦女、老人、身心障礙者等特殊人群，以滿足個人的福利需求。據此，兒童福利是屬於福利服務的範疇，有時也直接稱為兒童福利服務。

　　有關兒童福利的內涵，臺灣的專家學者也有許多不同的看法和分類

方式。大致上，早期係依服務的對象，區分為一般兒童福利、不幸兒童福利、特殊兒童福利（丁碧雲，1975；李鍾元，1983）；後來也有依服務的性質，區分為醫療衛生、教育、社會福利等方面的服務（馮燕、邱志鵬，1994；馮燕等，2004），或者參考美國學者卡都興和馬汀（Kadushin & Martin,1988）的觀點，依服務的功能，區分支持性服務（supportive service）、補充性服務（supplementary service）、替代性服務（substitutional service）等三個層面（周震歐等，2007；萬育維，1998）。

平心而論，依對象或性質分類，恐怕無法竟盡，例如原住民兒童、兒童交通安全，就難以歸類；至於依功能分類，優點是層次分明，有利於針對兒童的家庭情況及其服務需求，安排適切的協助。然而這樣的分類，也有其侷限，例如保護受虐兒童，除了支持性服務外，有時也需要補充性的經濟救助或替代性的緊急庇護，況且隨著家庭結構及社會價值的快速變遷，兒童受虐已成為當前嚴重的兒童問題，所以保護性服務（protective service）允宜另列一項，較有利於兒童福利實務的運作。所以此處參考功能分類方式，並增列保護性服務共計四項，其內涵包括：

一 支持性服務

當兒童所處的家庭結構仍然完整，但其家庭關係及親子關係已經產生緊張狀態，對於家庭成員造成某種壓力。這種壓力如果不及時加以紓解，可能會導致父母離婚、分居，而使兒童遭到危機。此時，可以採取支持性的服務，協助兒童的父母增強本身的力量，修補或改善家庭的功能，降低親子的緊張，以避免兒童繼續受到不良的影響。

通常，支持性的服務包括：兒童與家庭諮詢服務（含親職教育）、發展遲緩兒童早期療育、未婚媽媽及其子女的服務、兒童休閒娛樂等。

二　補充性服務

如果因為父母親職角色不當，已經對兒童造成一定程度的傷害，但其家庭結構只要經由適當的協助，兒童仍然可以繼續生活在自己的家庭之中，而不會再度受到傷害，則可以從家庭系統之外給予補充性的服務。

通常，補充性服務包括：經濟補助方案、托育服務、在宅服務、學校社會工作等。

三　替代性服務

一旦家庭功能或親子關係發生嚴重缺失，以致兒童不適宜繼續生活在原生家庭，此時必須考慮將兒童安排到替代性的居住場所，作為一種短期或永久性的安置及教養。這種替代性的服務，必須以「兒童的最佳利益」作為考量的標準。

通常，替代性的服務包括：寄養服務、收養服務、機構安置教養等。

四　保護性服務

這是兒童福利中一個特殊的部分，是針對受虐待或被疏忽的兒童，提供適當的處遇，以維護兒童的權益。因為兒童遭受虐待或被疏忽，不全然是由於家庭未能發揮養育和照顧的功能，有時是由於家庭之外的傷害所造成，而其處遇方式必須依據問題根源、案情輕重及兒童利益，採取不同層級的保護服務，以達到復健的目標。

通常，保護性的服務包括：兒童身體虐待的保護、兒童心理虐待的保護、兒童性虐待的保護、兒童疏忽的保護等。

此外，兒童福利的實施，必須透過行政管理的過程，結合各種社會資源，為有需要的兒童提供服務。所以，兒童福利服務的內涵也不能忽略相關的政策、法規、行政體制、專業制度等。

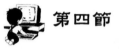

第四節
兒童福利的研究方法

兒童福利在實務上是一種助人的專業，在學術上也是一種專門的學科。為了追求兒童福利的永續發展，我們在瞭解兒童福利的意義、功能與內涵之外，還須瞭解其研究方法，以利運用。

基本上，兒童福利的存在，主要在解決兒童所面臨的問題。然而，兒童的問題很多，在政策或決策上必須考量其輕重緩急，訂出服務的重點或優先順序，逐一實施，始克有成。例如，臺灣地區現階段兒童福利的重點工作，依其需求分別為托育服務、兒童保護及發展遲緩兒童的早期療育（張博雅，2000；劉邦富，2001）。針對兒童福利的這種特質，決策研究法（decision-making approach）是適合於研究兒童福利的一種方法。

所謂決策研究法，簡單的說，就是探討有關兒童福利如何決定及如何實施的一種方法。決策研究法是美國政治學者拉斯維爾（Lasswell）於 1950 年代所創用，強調「輸入—輸出」（input-output）的系統分析。後來經過許多不同領域的學者加以引用與修改，目前已經廣泛被運用於社會科學、工商管理及非營利機構管理的研究。

兒童福利機構是一種非營利機構，尤其現代兒童福利的方案經常採取生態觀點（ecological perspective），從兒童本身出發，用一種有層次的架構，來分析兒童與其成長環境的關係，以利服務輸送的適時介入（Hartman, 1985；馮燕，2004）。這種生態觀點，本質上是一種社會系統

（social system）因此，我們可以採用系統分析的架構，形成圖 1-1 的研究模式：

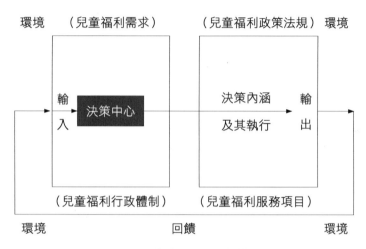

圖 1-1　兒童福利研究模式

　　圖 1-1 的研究模式顯示：兒童福利是一種「輸入—輸出」的系統分析，並且包括四個相互關聯的要項：

<h2>一  輸入</h2>

　　輸入（input）就是依據政治、經濟、社會、文化等環境，評估兒童福利的需求，並透過民意表達的方式，將這些需求傳送到兒童福利機構或其主管機關，或者對於現行福利措施表示支持或反對，促使相關機關（構）列入政策決定的考量。對於輸入項，我們將在第 2 章兒童福利的歷史透視中，探討兒童福利需求的發展情形。

二 轉化

轉化（transformation）就是兒童福利機構或其主管機關對於各種環境和管道所呈現的需求，加以處理或反應，從而形成某些政策或立法。對於轉化項，我們將在第 3 章探討兒童福利的政策，在第 4 章分析兒童福利的法規，第 5 章探討兒童福利的行政體制，第 6 章說明兒童福利的專業制度。

三 輸出

輸出（output）就是兒童福利機關、機構，依據相關政策和法規所提出的兒童福利措施或服務方案。這一部分是兒童福利服務的主要項目。對於輸出項，我們將在第 7 章至第 10 章分別說明支持性、補充性、替代性、保護性的兒童福利服務。

四 回饋

回饋（feedback）就是各種環境對於兒童福利實施結果的反應，以及兒童福利相關機關（構）對於這些反應的處置。對於回饋項，我們將在第 11 章對主要國家的兒童福利加以敘述，並於第 12 章歸納兒童福利的趨向及未來。

當然，兒童福利的研究還有其他方法，例如行動研究法、評估研究法、個案研究法等。這些方法本身並沒有對或錯、好或不好，只有適用或不適用而已。

我們之所以採用決策研究法來探討兒童福利，是認為決策研究法比

較適用。因為運用這種方法，我們可以把握動態的過程，瞭解有關兒童福利的需求、決定、內涵、實施，以及四周環境對實施結果的反應，以利不斷革新或改進，並形成一套比較有系統的分析架構，包括規範層次的「理念—政策—法規」與工具層次的「制度—福利服務」（參考王順民，1998）。

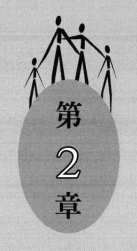

第 2 章

兒童福利的歷史透視

世界各國的兒童福利，各有不同的起源及發展過程。但其中有一個共同的現象，就是兒童福利大多起源於早期宗教團體或慈善人士對於兒童的救濟，然後隨著社會福利思潮的發展，訂定政策、制頒法規、成立專司機構，逐漸演變成為現代社會福利制度中不可或缺的一環。

本章從歷史的觀點，透視國際與臺灣在兒童福利發展上的重要事件，藉以瞭解影響兒童福利發展的因素，並歸納兒童福利的轉變情況。

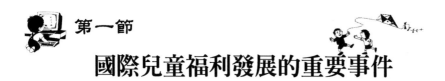

第一節
國際兒童福利發展的重要事件

歐美國家很早就重視兒童的照顧。希臘哲學家蘇格拉底（Socrates）在二千多年前就曾對有些希臘人忽視兒童的照顧，而不客氣的責問他們：「你們千辛萬苦聚集財富，卻吝於照顧你們的兒童，而你們將來必須把這些財富傳授給他們，這是什麼意思呀！」（Kadushin, 1988）

在古代的西方社會，雖然曾因害怕人口過剩而有遺棄兒童或殺害兒童的情事發生，有些被遺棄的兒童，甚至被發現者帶回當奴隸。但從慈善事業萌芽之後，被遺棄的兒童便可得到收容與保護，並逐步發展成一種專業的服務。茲就 1900 年以後的重要事件，擇要說明國際兒童福利的發展：

一　美國召開白宮兒童會議

美國是一個重視兒童福利的國家，一向有「兒童天堂」的美譽。1909 年 1 月 25 日，美國當時的總統羅斯福（Theodore Roosevelt）邀請全國各地兒童福利機構的權威或負責人，在白宮舉行「失依兒童保育會

議」（Conference on the Care of Dependent Children），這就是第一次「白宮兒童會議」（White House Conference on Children）。

自此之後，美國每隔 10 年，由總統定期召開一次白宮兒童會議，直到 1980 年代，由雷根總統主政才有所調整。歷次會議的要點包括：

1. 第 1 屆：於 1909 年，由（老）羅斯福（Theodore Roosevelt）總統召開，主題為「失依兒童的保育」，促成各州訂定母親年金法，並於 1912 年由聯邦設置「兒童局」（Children's Bureau），調查美國各階層的兒童福利及兒童生活實況。

2. 第 2 屆：於 1919 年，由威爾遜（Wilson）總統召開，主題為「兒童福利的標準」，包括童工、婦嬰保護、學前及學齡兒童的需要和立法，促成 1921 年通過婦幼法案（Maternity and Infancy Act）。

3. 第 3 屆：於 1930 年，由胡佛（Herbert Hoover）總統召開，主題為「兒童的保健」，包括醫療服務、公共衛生、教育訓練、傷殘重建及有關兒童扶助的基本原則，並訂定「兒童憲章」，規定兒童的各種權利。

4. 第 4 屆：於 1940 年，由（小）羅斯福總統（Franklin Delano Roosevelt）召開，主題為「兒童民主會議」，促使各種公共及私人兒童福利機構的建立、設計，並調整兒童與青年的相關計畫。

5. 第 5 屆：於 1950 年，由杜魯門（Harry S. Truman）總統召開，主題為「世紀中的兒童與青年」，強調成人要關懷每個兒童的價值、權利和義務，使兒童有一個安全舒適的家庭。

6. 第 6 屆：於 1960 年，由艾森豪（Dwight D. Eisenhower）總統召開，主題為「使今天的兒童青年充分享受民主、自由和神聖的生活，而成為未來國家的棟梁」，促使兒童個人服務更趨專業化。

7. 第 7 屆：於 1970 年，由尼克森（Richard M. Nixon）總統召開，主題為「兒童青少年的個別發展、學習、父母與家庭、兒童健康、社區與環境、法律權利與責任」促成了 1974 年兒童虐待預防及處遇法案（Child

Abuse Prevention and Treatment Act）的頒布實施，開啟了兒童福利的新紀元。

8.第 8 屆：於 1981 年，分別在各州舉行，討論主題包括兒童照顧、青年就業、健康與心理衛生、兒童福利服務與教育、兒童受虐待與疏忽、青少年司法體系與少年犯罪、志願服務、酒精中毒與藥物濫用、少年性問題與私人機構之參與等。

美國在白宮舉行的兒童會議，都定期由總統召開，前面七次會議並由總統親自主持會議，顯示聯邦政府對兒童福利的重視。同時，每次會議都配合當時的兒童問題或兒童需求，訂定會議主題，充分討論後，成為重要的兒童福利政策或服務方案，對美國兒童福利具有關鍵性的影響力量，也奠定了美國兒童福利在國際上的標竿地位。

1980 年代，雷根主政的共和黨政府在社會政策上，採取保守主義濃厚的「新聯邦主義」（The New Federalism）方案，大量削減社會福利預算與支出，並將兒童福利轉移至州郡政府層次（李欽湧，1995）。因此，美國的兒童會議自 1981 年起，改在各州召開，討論的主題更加廣泛，並充分顯示出地方性和多元性，使得兒童福利政策及方案，更能落實於基層，這是美國兒童福利發展的一大特色。

二 日本制定兒童福祉法

日本在 1945 年第二次世界大戰失敗後，家庭解組的情況相當普遍，失依兒童極待照顧，因此在 1947 年制定兒童福祉法，以保護兒童的生活安全。日本的兒童福祉法，全文 74 條，其要點包括：

1. 兒童福利的理念

全體國民應努力謀求兒童身心健全發展，及在健全之環境下生長，所有兒童之生活應一律獲得保障及愛護。

2. 兒童培育之責任

國家及地方公共團體，應與兒童保護人共同負起培育兒童身心健全發展之責任。

3. 兒童福利設施

包括助產設施、育嬰院、母子保護設施、托兒所、兒童衛生福利設施、養護設施、精神薄弱兒童設施、盲聾啞兒設施、虛弱兒設施、殘障兒設施、重度身心障礙兒設施、情緒障礙兒短期治療設施及救護院等。

4. 兒童福利執行部門

中央設立兒童福利審議會，都、道、府、縣設兒童福利司及兒童相談所，市、町、村設置兒童委員。

5. 兒童保護措施

無配偶之女子或與此類似之女子，其監護之兒童在福利上有欠缺時，須提供適切的保護措施。

日本的兒童福祉法，不僅是日本最具綜合性、最基本的社會福利立法，也是世界上最早專為兒童福利而制定的法規，具有示範作用。日本在1947年制定兒童福祉法之後，又陸續訂頒育兒津貼法（1961）、特別育兒津貼及其他補助法（1964）、育有未成年子女之婦女以及寡婦法

（1965）、婦幼保健法（1965）、兒童津貼法（1970）等五種有關兒童福利的法規（小林毅，2000）。

三 聯合國公布兒童權利宣言

聯合國是一個國際組織，一向關心世界人權及社會發展。為保障兒童基本人權，促使人類對於兒童負起培育的任務，以期兒童能有愉快的童年，聯合國於 1959 年 11 月 20 日通過「兒童權利宣言」（Declaration of the Rights of the Child），提出十項主要的兒童權利及其保障原則。茲歸納其要點如下：

1. 平等權

所有兒童一律享有基本人權，不因其本人或家庭的種族、膚色、性別、語言、宗教、政治或其他主張、族國或家世、財產、出生或其他身分，而有軒輊或歧視。

2. 生存發展權

兒童應受特別保護，並應以法律或其他方法，給予兒童機會及便利，使其能在自由與尊嚴的情境中，獲得身心、道德、社會各方面的健全發展。

3. 身分權

兒童出生時，應即有權取得姓名及國籍。

4. 福利權

兒童應有權享受社會安全的利益，有權在健康環境中成長，包括出

生前及出生後的適當照顧，以及獲得適當的營養、居住、娛樂和醫療等。

5.特別權

兒童在身體、心智或社會方面有缺陷者，應按其個別情形，予以所需的特殊矯治、教育及照料。

6.家庭權

兒童應在其父母照料及負責的情況下成長，以利其人格充分與和諧發展；幼齡兒童除特殊情形外，不應使其與母親分離；對於無家可歸或缺乏適當扶養的兒童，社會及政府當局負有特別照料的義務。

7.受教權

兒童有受教育的權利，至少在初等教育階段應為免費強迫制，首先應由父母負起兒童教育與輔導責任，並以兒童最大利益為指導原則，社會及政府則盡力促進兒童教育目標的達成。

8.優先權

在一切情形之下，兒童應最先受到保護與救濟。

9.受保護權

兒童應加保護，使不受任何形式的漠視、虐待與剝削；在未達適當年齡之前，不得僱用、不得使其從事任何妨害其健康、教育或道德發展的工作。

10.受養育權

兒童應加保護，使其不受種族、宗教及其他各種歧視的薰染，對兒

童的撫育應陶冶其友好、和平、博愛及為人類服務的精神。

　　聯合國兒童權利宣言，是國際上對於兒童福利的一項重要宣示，經由會員國的簽署及認同，有助於促進各國政府、志願組織及兒童父母，重視兒童權利，並依據這些原則，逐漸採取立法及其他措施，竭力維護兒童權利。

四　英國制定兒童法案

　　英國是老牌的福利國家，兒童福利政策發展最早，法制亦最完備。早在 1601 年，伊麗莎白一世頒布「濟貧法」（The Elizabethan Poor Law），對於失依兒童的安置即有明確規定。

　　1989 年，英國訂頒兒童法案（Child Act），2004 年修正，是有關兒童照顧、養育及保護的重要法令，其要點包括：

1. 父母親對兒童的責任

　　強調父母親的基本職責，在照顧及教養兒童，使之身心健康，而且父母雙方應持續養育子女，不受父母自願離婚或法院判決離婚而間斷。至於未婚父親，只要與孩子的母親達成協議，不須上法庭，即可取得親權，並分擔養育照顧的責任。

2. 法院有關兒童案件的訴訟

　　法院於判決有關兒童養育（包括兒童財產之管理及使用）案件時，應首重兒童的福利；對兒童案件的裁定，應將兒童視為獨立的個人，對兒童的願望、情感及對該兒童有嚴重影響者，作特別的審查。

3.地方政府對兒童及其家庭的服務

地方主管機關應有計畫地提供照顧兒童的服務,如提供學前兒童的日間托育,以及學齡兒童課餘時間的監護。同時,地方主管機關並須對照顧兒童的家庭,施以訓練或提供意見,俾使需要協助的兒童獲得更為廣泛的幫助。

4.地方政府對兒童的保護

地方政府最大的責任是保護兒童,應盡一切可能防止兒童受到任何傷害,例如不讓兒童與酗酒或有暴力行為的父母同住。地方政府對受保護兒童的安置方式,包括安置於寄養家庭、兒童之家或其他適當的安排。不過,地方政府為受保護兒童作任何處理之前必須對兒童、其父母或相關人員的感受與期望多作瞭解。

5.離家兒童的福利

當父母無法照顧或需暫時停止照顧兒童時,地方主管機關應安排該兒童長期或短期地居住於家庭以外的其他地方,包括日托中心、兒童保母(child minder)、兒童之家、寄養家庭、醫院、療養院或精神病診療所等,並儘可能設法使被照顧的離家兒童,隨時與父母聯繫,並在無害兒童利益的情形下,將兒童交還家庭。

6.收養及相關事宜

相關單位應設收養註冊處(adoption contact register)辦理收養事宜,並使收養人能與兒童的親生父母或親友取得聯繫。其他,對於兒童及少年的婚姻,必須獲得父母同意;如兒童犯了罪,則顯示其已遭受或將受到重大的傷害,因此地方政府可申請保護令,以便於提供必要的協助。

　　英國的兒童法案，係綜合各類兒童福利服務於一個法案，呈現出兒童福利的全貌，尤其落實「保護兒童最佳利益」（the best interests of the child）的原則，為國際兒童福利的發展立下一個良好的典範。

五　聯合國通過兒童權利公約

　　1989 年，是聯合國「兒童權利宣言」公布的 30 週年。聯合國認為全世界兒童的情況應該不斷的改善，尤其，世界某些地區的兒童，由於社會條件不良、自然災害、武裝戰爭、剝削、失學、饑餓、殘障，仍處於困境，必須以國際及國家的力量進行快速、有效的處理，乃於 1989 年 11 月 20 日通過「兒童權利公約」。

　　這項「兒童權利公約」，有英文、中文、法文、俄文、西班牙文、阿拉伯文版本，全文 54 條，其內容中有關兒童的出生身分、受教育權、最佳利益、立法保障、免於與父母分離、殘障保障、免受虐待等權利，與前述「兒童權利宣言」大同小異，只是重新加以強調，似可不再贅述。以下僅就其涉及國際之間的約定事項摘述之：

1. 不因國籍不同對兒童歧視

　　公約第 2 條規定，簽約國在其管轄區域內，應恪遵本公約所揭示的兒童權利，不得因兒童本人、其父母或法定監護人的國籍、種族、膚色、政治或其他主張不同而有所歧視。

2. 保障兒童的國籍及相關權利

　　公約第 8 條規定，簽約國應尊重兒童權利，以保障其國籍、姓名及親屬關係等依法所享有的個人權利，不受非法侵害，如受不法侵害，應給予適當的協助和保護。

3.締約遏止非法移送兒童到國外

公約第 11 條規定，簽約國應致力締結雙邊或多邊條約，或參加現有的條約，以遏止非法移送兒童至國外並令其無法回國。

4.保證在國家間的合理收養

公約第 21 條規定，承認或允許收養制度的簽約國，應採取一切措施保證在國家間的收養安排，不會涉及任何不當的財務利益，並享有與在國內收養的兒童相同的保障和水準。

5.難童應受國際的保護和協助

公約第 22 條規定，簽約國對於依國際法律或程序取得難民身分的兒童，應採取一切措施給予適當的保護與人道協助，包括配合聯合國及其他合法機構，為難民兒童尋找父母或家人，使其團圓。

6.透過國際協定向國外關係人取得兒童贍養費用

公約第 27 條規定，簽約國應採取一切適當措施，自國內或國外向兒童父母或其應負財務責任的人，取得兒童的贍養費用。如果負兒童財務責任的人居住外國，則透過國際協定或協議為之。

7.得以國際合作實現兒童受教權

公約第 28 條規定，簽約國應促進、鼓勵有關兒童受教育的事務，特別是為了消滅全世界無知與文盲所做的努力，得使用國際合作。

8.依國際合約防止兒童濫用藥物

公約第 33 條規定，簽約國應採取一切適當措施，包括立法、行政、

社會教育措施，以保護兒童使其不得使用國際合約所訂定的麻醉藥劑和迷幻物品，並防止利用兒童來非法製造或運送此等物品。

9.採雙邊或多邊防止兒童受性侵害

公約第 34 條規定，簽約國應促其特別採取適當的國家、雙邊和多邊措施，防止兒童受到任何型態的性剝削和性迫害。

10.採雙邊或多邊防止兒童買賣

公約第 35 條規定，簽約國應採取一切適當的國家、雙邊和多邊措施，防止以任何方式或目的之誘拐、出售或買賣兒童。

本來，聯合國早在 1979 年就提出「兒童權利公約」草案，但延遲了 10 年方始通過採行，主要原因是一般國家對兒童福利並不重視。聯合國兒童基金會執行長格蘭（Grant）曾說：「以前我不敢渴望在有生之年看到該公約被採行，老實說來，政府雖然說得很動聽，但卻一直將兒童的事情列於後面來做。」（林國和譯，1990）

儘管如此，兒童權利公約的通過採行，使兒童權利從目的上的宣傳，變成為有約束力的立法條文，對於兒童而言，可以說有了一部基本權利的「大憲章」；對於世界各國的而言，也有了一項「國際標準」可以作為實施兒童福利的參據。

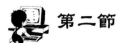

第二節
我國兒童福利發展的重要事件

　　我國自古以來就重視兒童福利。2,500 年前，孔子在〈禮運大同〉篇指出：「人不獨親其親，不獨子其子，使老有所終，壯有所用，幼有所長，鰥寡孤獨廢疾者，皆有所養。」這短短數言，已為兒童福利描繪出一幅理想的藍圖。

　　如同歐美國家一樣，我國的兒童福利亦起源於早期對兒童的慈善救濟，此後雖然各朝各代都有一些兒童福利措施，但是朝代更替頻繁，少有制度可言，直到對日抗戰勝利、臺灣光復，政局穩定後，在國際兒童福利思潮的影響，以及國內兒童福利學者的倡導下，才逐漸發展出比較有系統的兒童福利。以下就臺灣光復以後有關兒童福利的重要事件略加分析：

一　設置農忙托兒所

　　臺灣光復初期，人民以農業為主。在農忙季節，農家婦女忙於協助農事工作，往往無法妥善照顧年幼的子女。

　　當時的臺灣省政府社會處為使農村幼兒得到良好的照顧，並減輕農村婦女的負擔，乃協調農林、財政、農會等單位，研擬「農忙托兒所推行辦法」，於民國 44 年 6 月開始在各鄉鎮市成立農忙托兒所，每兩個鄉鎮設置一所。民國 45 年起擴大在每一鄉鎮市設置一所，每所至少三班。

　　農忙托兒所是短期的托兒機構。為因應實際需要，使幼兒得到較長時間的照顧，乃於民國 47 年起將農忙托兒所改為農村托兒所，採全日

托方式，以嘉惠農村家庭的兒童福利。

民國 64 年，為鼓勵各縣市鄉鎮廣泛設置托兒所，使每一村里的兒童能就近獲得照顧，又將農村托兒所改稱為村里托兒所。

民國 82 年，臺灣省政府為健全托兒所的組織，並提高保育人員的素質，訂定「臺灣省各縣市立、鄉鎮市立托兒所組織準則」。依據此項準則的規定，各鄉鎮市原有的村里托兒所乃合併成為鄉鎮市立托兒所。

由此可知，農忙托兒所首先開啟臺灣兒童福利工作的先河，但為配合幼兒教育及照顧法之實施，於 2012 年 12 月底將托兒所與幼稚園整合為幼兒園。

二　舉行全國兒童少年發展會議

民國 51 年，聯合國兒童基金會（UNICEF）撥款援助臺灣推動兒童福利工作，包括補助農村托兒所之設置、支援「兒童福利業務人員研習中心」之設立（70 年擴充為社會福利人員研習中心）。

民國 59 年，政府為貫徹聯合國兒童基金會資助的計畫，並促進兒童及少年的發展，乃由內政部、教育部、司法行政部（法務部前身）、經合會（經建會前身）等四個單位，聯合舉辦「全國兒童少年發展研討會議」。

此項研討會分為衛生保健、教育訓練、社會福利、司法保護等四組同時進行，最後舉行全體會議，通過「中華民國兒童少年發展方案綱要」，實施時間從民國 60 年起至 69 年止，為期 10 年。

為了策劃推動兒童少年發展方案之實施，內政部與上述相關單位共同組成「中華民國兒童少年發展策進委員會」，並於民國 61 年與 62 年之間，分別召開「家庭生活」、「學前兒童」、「學齡兒童」、「少年發展」等四個研討會議，完成四項計畫，送請有關機關參照實施，對臺

灣兒童福利政策之推動，具有倡導作用。

三 頒布兒童福利法

民國 61 年 4 月，內政部將兒童福利法草案送立法院審議，民國 62 年 1 月立法院三讀通過，民國 62 年 2 月 8 日，總統公布兒童福利法，成為我國第一部社會福利法規。62 年 7 月，內政部發布兒童福利法施行細則（71 年、83 年修正）。

民國 62 年公布的兒童福利法，全文 30 條，對於兒童福利的理念、主管機關、福利設施、保護措施及相關罰則，都有明確的規範。同時，依本法第 2 條規定，兒童福利法以保障未滿 12 歲的兒童為主，但第 28 條又規定，在少年福利法未公布前，12 歲以上未滿 18 歲之人暫準用本法。後來，少年福利法於民國 78 年公布實施，兒童福利法的實施對象為 12 歲以下兒童。

兒童福利法公布施行之後，各界反應熱烈，並紛紛提出意見。簡言之，這部最初版本的兒童福利法主要特點是：

1. 重視家庭責任

在法規中明定：「家庭應負保育兒童之責任」、「兒童應使其成長於親生家庭」、「採家庭寄養或家庭型態之機關教養方式」、「使被安置兒童於適當時機仍得返回其家庭」等，充分顯示其重視家庭對於兒童福利的責任。

2. 內容相當多元

在法規內容，兼顧到消極性的兒童保護與積極性的兒童扶助；在兒童福利設施上，不但設立各類收容設施，以便安置失依兒童及身心缺陷

兒童，而且在一般設施也包容廣泛，以協助一般兒童正常發展。

　　然而，缺乏專責單位、忽略專業人員、兒童保護過於消極等，則是此部兒童福利法的缺失。因此，在實施 20 年之後，也就是民國 82 年 2 月，兒童福利法第一次大翻修，全文擴充為 54 條，並有許多嶄新措施。民國 88 年 4 月、89 年 6 月、91 年 6 月再度修正。民國 92 年 5 月 28 日兒童福利法與少年福利法合併修正，更名為兒童及少年福利法，2011 年 11 月 30 日修正為兒童及少年福利與權益保障法。現行的法規將在第 4 章兒童福利法規中詳述。

四　訂定兒童寄養辦法

　　為因應家庭發生重大變遷之兒童安置的需要，臺灣省政府社會處於民國 71 年開始推動家庭式的寄養服務。

　　雖然兒童福利法及其施行細則對於兒童寄養有若干規定，但正式推動寄養服務時，發現上述法規對於寄養兒童及寄養家庭的權責缺乏規定，難以保障雙方權益，負責執行的機構僅能憑藉道義力量或雙方默契，進行各項寄養安置的業務（翁慧圓，1993）。

　　有鑑於此，內政部於民國 72 年 1 月訂定兒童寄養辦法，作為實施兒童寄養服務的規範。兒童寄養辦法全文 15 條，對於申請家庭寄養的條件、期間、費用、接受寄養家庭的權責等，都有明確的規定，不僅使兒童寄養服務的推動有法可循，而且逐步開拓兒童福利服務的新領域，使臺灣的兒童寄養業務更順暢的擴展開來。

　　不過，自民國 88 年 1 月實施地方制度法之後，直轄市及各縣市已相繼制定兒童寄養相關規定，例如臺北市政府於民國 87 年 7 月訂定「臺北市兒童寄養家庭標準及輔導辦法」，並多數委託民間團體辦理寄養業務，而內政部所訂兒童寄養辦法，則於民國 95 年 10 月 31 日廢止。

五 設置兒童局

依據民國 82 年 2 月所修正的兒童福利法，第 6 條規定：兒童福利主管機關，在中央為內政部；兒童福利主管機關在中央應設立兒童局。這是設置兒童福利專責單位的法源基礎。

在各界殷切企盼，以及民間團體的催促之下，行政院於民國 86 年 8 月，將「內政部兒童局組織條例草案」送立法院審議，經立法院於民國 88 年 7 月 14 日完成立法程序，由總統公布實施。

民國 88 年 11 月 20 日，是國際兒童人權日，內政部選擇這一個有意義的日子，正式宣布成立兒童局。這是我國中央政府有史以來第一個兒童福利的專責單位。兒童局的成立，使兒童福利工作邁入一個新的里程碑，顯示政府將積極推動兒童福利工作。

民國 101 年 7 月 23 日，衛生福利部成立，原由兒童局承辦的綜合規劃、福利服務、托育服務等業務，劃歸該部社會及家庭署掌管（保護重建、防制輔導等業務，則劃歸保護服務司掌管）。社會及家庭署之下設「兒少福利組」統籌辦理兒童及少年福利工作；至於兒童局，已功成身退。有關「兒少福利組」的詳細情況，將在第 5 章兒童福利的行政體制中說明。

事實上，臺灣地區兒童福利的發展，是整體社會福利發展的一環。在社會福利方面有重要的決定，兒童福利不能置身事外。這種情況，可以從後面章節相關政策、法規、行政體制及專業制度中，得到一些應證。

最後，歸納國際及臺灣有關兒童福利的重要事件，顯示兒童福利的發展且有下列的轉變：

1. 由問題取向轉變為發展取向

早期的兒童福利著重在解決兒童照顧問題，以棄嬰、孤兒及受虐兒童為主要對象；後來逐漸轉變為重視兒童權利，積極維護全部兒童的健全發展。

2. 由機構照顧轉變為家庭照顧

傳統上，對於失依兒童，大多設置機構加以收容安養，現代則轉變為強調家庭是兒童最佳成長場所，因而採取兒童津貼、家庭寄養、家庭托育等家庭式的照顧方式。

3. 由父權主義轉變為兒童本位

長久以來，對兒童所提供的服務，大多從家長或政府的觀點出發，以管理方便為基本考量；目前則轉變為尊重兒童的基本權益，在實務上不僅消極保護兒童免受疏忽或虐待，而且積極培育兒童自我保護的能力。

4. 由民間慈善轉變為專業工作

最初，兒童福利大多仰賴民間團體提供慈善服務；後來則轉變為一種專業工作，逐步建立兒童福利專業制度。

5. 由家庭責任轉變為社會責任

早先，兒童問題大多歸咎於家庭因素使然，因而責成家庭必須克盡照顧兒童的天職；後來由於社會結構的變遷及福利國家的思潮，在做法上逐漸轉變為政府積極介入，從設置專司單位、訂定法規、補助經費等行政作為，與家庭共同承擔兒童照顧的責任，藉以維護服務的延續和品質。

　　總之，隨著歲月的流轉，無論國際或我國的兒童福利，都歷經「慈善事業」→「有組織的服務」→「專業工作」的發展軌跡。現在，兒童福利已成為各國推展社會福利的重要項目之一。

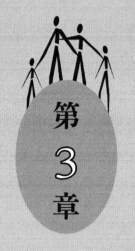

第
3
章

兒童福利的政策

政策，是引導兒童福利發展的方向，也是推動兒童福利工作的行動準則。然而，世界各國往往因為文化背景與社會結構的差異，對於兒童福利可能有其不同的政策取向。並且為了因應時空環境變遷的需求，各國也經常適時地研訂適當的兒童福利政策。

我國一向重視兒童福利工作，為了滿足兒童需求，增進兒童權益，曾先後制定相關的兒童福利政策。其中，較重要者包括：憲法基本國策的主張、社會福利政策綱領的規定。同時，進入新世紀後，政府對於兒童福利也有一些新的政策。這些都是推動兒童福利的重要依據。

以下先從理論上闡述兒童福利的政策取向，再從發展上略述我國兒童福利的主要政策。

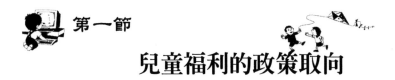

第一節
兒童福利的政策取向

兒童福利是社會發展的產物，兒童福利的政策往往反映當時的兒童福利理念。長久以來，有關兒童的照顧問題，到底應該由家庭（父母）或國家（政府）負擔主要責任？一直是一個爭論不休的議題。

國內外學者（Harding, 1997；彭淑華，1995）曾依據家庭與政府在兒童照顧上的分工情況，將兒童福利的政策取向區分為四種類型：

一　自由放任主義

兒童福利政策的發展，最早的一種取向稱為自由放任主義（laissez-faire），強調兒童的照顧和教育，是家庭（父母）的職責，所以政府應該減少對兒童家庭的干預。

這種政策取向,認為家庭具有私密性,兒童與父母的關係是一種私領域的親密關係,政府應該尊重家庭的自主性,對於父母如何教養他們的孩子,最好抱持自由放任的態度,儘量避免公權力的介入。所以,在自由放任主義之下,政府對於兒童照顧所扮演的是補充者的角色,補充父母照顧之不周,一旦兒童遭到父母極端不適當的對待時,公權力就開始介入。但是政府對於兒童照顧的角色應遵循兩項原則:

1. 對家庭的干預減至最低

愈有所作為的政府,愈應尊重家庭的自主性與父母的自由權。政府減少干預,無論對政府本身或兒童家庭都是有益的。

2. 父母對於教養子女的方式有充分的決定權

兒童由親生父母照顧,有助於加強親子間的情感連結,政府的介入會妨礙這種連結。

自由放任主義的政策取向,在 20 世紀初期流行於西方國家,其主要優點是尊重兒童與家庭之間的連結關係,符合人性與人道原則;缺點則是父母容易將兒童視為私產,如果雙親未能善盡照顧職責,兒童容易受害,政府的介入又過於消極和被動。

二 國家干涉主義

國家干涉主義(state paternalism),也是 20 世紀初期的一種兒童福利政策,強調照顧兒童是政府的職責,為了避免兒童遭受不適當的照顧,政府應該主動積極地介入。

這種觀點重視兒童的社會地位,認為兒童是社會的一種公共資產,

而不是父母的私有財產。換言之，兒童的父母只是受國家的委託而照顧兒童，正如受託保管財產，應該用心經營。如果父母不能善盡受託的職責，政府可以將其經營權強制收回，並轉交給更適當的家庭或機構代為照顧。因此，在國家干涉主義之下，政府對於兒童福利所扮演的是監督者的角色，嚴密監督家庭對兒童的教養，並積極介入，藉以保護兒童的權益。

國家干涉主義的主要優點是政府積極保護兒童，避免兒童遭遇到不適當的照顧；缺點則是苛求父母責任（parental duties），輕忽父母權利（parental rights），政府強力介入的結果，容易傷害兒童與家庭的完整性。

三 尊重家庭及雙親權利

家庭及雙親權利（birth family and parents' rights），是第二次世界大戰之後，福利國家興起時的一種政策取向，強調雙親對於兒童的重要性，親子關係應儘可能加以維繫。

這種觀點認為原生家庭是兒童出生、成長和發展的最佳場所，即使因為某種原因，兒童不得不離開父母，政府仍應儘量加強親子之間的聯繫。如果因為外在環境的壓力，導致家庭失功能，兒童無法獲得適當的照顧，政府應儘可能與原生家庭密切聯繫，進行家庭重塑，協助家庭恢復功能，讓兒童重返原生家庭。至於替代性照顧的安排，則是最後一種選擇。因此，在尊重家庭及雙親權利之下，政府對於兒童福利所扮演的是支持者的角色，支持家庭的健全發展，以維繫親子關係的完整。

尊重家庭與雙親權利的政策取向，主要的優點是維護家庭與親子的情感性需求，顧及兒童的最佳利益；缺點則如同福利國家的危機一樣，人民有權享受各種服務，卻可能造成政府的負擔沉重。

四 尊重兒童權利與自由

兒童權利與自由（children's right and children's liberation），是當前比較流行的一種政策取向，強調兒童的自主性，政府應透過政策和法律來保護兒童，以確保兒童的權益。

這種觀點認為兒童如同成人，是一個獨立的個體，兒童的觀念、想法、期望和決定，都應該受到尊重和肯定。兒童被賦予較多類似成人的地位，可以減少來自成人世界的壓抑和不合理的對待。如果兒童受到壓抑或不合理的待遇，政府應該挺身而出，盡一切可能保護兒童自由，維護兒童權利。換言之，兒童雖然身心未臻成熟，但仍具有獨立的人格，也有選擇的自由和權利，而不是處處聽任父母、法院、社會工作者的決定。因此，在尊重兒童權利與自由之下，政府對於兒童福利所扮演的是維護者的角色，積極維護兒童的自主性和自我抉擇的權利。

尊重兒童權利與自由的政策取向，主要優點是肯定兒童是獨立的個體，讓沒有選票的兒童也有發言和作決定的機會；缺點則是兒童是否足夠成熟，有能力自己作正確的決定，不免受到質疑。

上述四種政策取向，各有其優缺點。其中，自由放任主義與國家干涉主義立場鮮明，爭議太大；至於尊重兒童權利與自由雖為較新取向，但還未達成共識。目前大多數國家對於兒童福利政策的發展，仍然偏向於尊重家庭與雙親權利，認為政府對於兒童照顧應採取支持性干預，以維繫及發展家庭功能。我國有關兒童福利的立法，可以看到政府主導性的角色，但其背後的精神也是回歸到第三種政策取向，強調家庭與雙親權利（彭淑華，1995）。

第二節
憲法基本國策的主張

　　凡是實施民主憲政的國家，無不重視兒童福利，並在憲法中規定相關的政策。

　　中華民國憲法係於民國 36 年 1 月 1 日由總統公布，並自同年 12 月 25 日正式實施。其中，第 13 章為基本國策，列有「社會安全」一節，從第 152 條至第 157 條共六個條文，對於兒童福利有如下主張：

一　實施婦女及兒童福利政策

　　「憲法」第 156 條規定：國家為奠定民族生存發展之基礎，應保護母性，並實施婦女兒童福利政策。

　　基本上，兒童是國家與民族未來的主人翁，兒童的身心狀況，與國家民族的發展密切相關，所以國家必須實施兒童福利政策，廣設兒童福利機構，推動兒童福利服務，以促進兒童順利成長，奠定民族生存發展的基礎。

　　然而，兒童的生育及教養工作，又與婦女息息相關，所以要保護兒童，必須先保護母性，實施婦女福利政策，使兒女眾多而且家庭貧困的婦女可以得到生活扶助；使身體衰弱的婦女得到衛生保健服務，從而加強其對兒童照顧養育，進而奠定民族生存發展的基礎。

二 保障兒童的經濟生活

「憲法」第 155 條規定：國家為謀社會福利，應實施社會保險制度，人民之老弱殘廢，無力生活，及受非常災害者，國家應予適當之扶助與救濟。

一般而言，社會保險和社會救助是現代國家社會福利的兩大支柱，主要功能在保障國民的經濟生活，而兒童是國民之一分子，自然也在其保障的範圍之內。

當前社會保險的保障範圍，除了被保險人之外，通常也擴及配偶和子女，尤其生育給付包含育兒津貼，死亡給付包含遺屬津貼，都直接有助於兒童生活之保障，而學生團體平安保險則直接保障學童家庭的經濟安全。

至於有關老弱殘廢的社會救助，則在保障老人、兒童及身心障礙者的基本生活，使其不致陷於饑餓，而達到「老有所終，壯有所用，幼有所長，鰥寡孤獨廢疾者，皆有所養」之目的。

三 保護兒童及婦女勞動者

「憲法」第 153 條後半段規定：婦女兒童從事勞動者，應按其年齡及身體狀態，予以特別之保護。

婦女與兒童是弱勢族群，在工作上必須特別給予保護，這是文明國家的重要措施。就婦女言，因為生理因素，體力一般不如男性，為了保護就業婦女的健康，必須在勞動時間、工作條件等方面制定特別保護的政策。

再就兒童而言，兒童的身體發育尚未完全，如果達到就學年齡，必

須就學，本來就不適宜從事勞動。如果因為家境所迫，必須勞動，則應在工作時間、工作分量、工作報酬等方面特別加以保護，以尊重人道，並據以培育健全發展的民族幼苗。

四　提供兒童保健服務

「憲法」第 157 條規定：國家為增進民族健康，應普遍推行衛生保健及公醫制度。

一個國家要立足於當今世界，必須國民有健康身體，始能對外抵禦侵略，對內從事各種建設工作，而兒童是國民的一分子，也是國家希望的象徵，所以國家應該提供兒童保健服務，以預防疾病並增進健康。

同時，為落實兒童保健工作，政府應普遍設置或獎助民間成立醫療院所，以便罹患疾病的兒童，可以就近接受醫療服務，從而達到增進民族健康之目的。

此外，民國 89 年憲法修正條文第 10 條的規定，是憲法基本國策的一種補充，對於兒童參加全民健康保險，以及身心障礙兒童、原住民兒童和偏遠地區兒童的福利服務，有更明確的政策依據。其中相關規定包括：

1.國家應推行全民健康保險，並促進現代和傳統醫藥之研究發展。

2.國家對於身心障礙者之保險與就醫、無障礙環境之建構、教育訓練與就業輔導及生活維護與救助，應予保障，並扶助其自立與發展。

3.國家應重視社會救助、福利服務、國民就業、社會保險及醫療保健等社會福利工作，對於社會救助和國民就業等救濟性支出應優先編列。

4.國家應依民族意願，保障原住民族之地位及政治參與，並對其教育文化、交通水利、衛生醫療、經濟土地及社會福利事業予以法律定之。對於澎湖、金門及馬祖地區人民亦同。

第三節
社會福利政策綱領的規定

民國 83 年 7 月，行政院訂定「社會福利政策綱領」，作為推展社會福利之依據；實施 10 年之後，於民國 93 年 2 月第一次修正；民國 101 年 1 月，配合中華民國建國 100 年，並因應社會變遷的需求，再度修正。以下就其有關兒童福利的規定略作分析：

一、政策願景

兒童福利是整體社會福利的一環，民國 101 年行政院修正公布的社會福利政策綱領，以「邁向公平、包容與正義之新社會」作為建國 100 年社會福利政策之願景，也是兒童福利政策追求的願景，其要點包括：

1.邁向公平的新社會：目的在保障弱勢國民，減少社會不公情形。為此，政府的作為，應積極協助弱勢家庭，落實在地服務，並考量兒童、少年等人口群的最佳利益，提供補充性措施，以切合個別需求與人性化要求。

2.邁向包容的新社會：目的在消除一切制度性的障礙，保障所有國民參與社會的權利。為此，政府的作為，應積極介入，預防與消除國民因年齡、性別、種族等差異而遭遇歧視或社會排除，並尊重多元文化差異，營造友善包容的社會環境。

3.邁向正義的新社會：目的在提供所有國民平等的發展機會，以國民福祉為優先，針對政治、經濟、社會快速變遷下的國民需求，主動提出因應對策。為此，政府的作為，應著重積極福利，藉由社會投資累積

人力資本來促進經濟與所得的穩定成長，進而提升國民生活品質，維繫社會團結與凝聚。

二 ⚉ 主要政策內容

社會福利政策綱領的內涵有六大項目：(1)社會救助與津貼；(2)社會保險；(3)福利服務；(4)健康與醫療照護；(5)就業安全；(6)居住正義與社區營造。茲將(3)福利服務之中直接有關兒童福利服務政策的規定摘述如下：

1. 協助經濟弱勢：政府針對經濟弱勢之兒童、少年應有適切協助，以提升生活品質。

2. 營造健全環境：政府與民間應協力營造有利於兒童與少年身心健全發展之環境。

3. 發揮家庭功能：兒童與少年其家庭或照顧者若有經濟、社會與心理支持、衛生醫療、及其他有關家庭功能發揮之需求時，政府應給予協助。

4. 提供保護安置：當原生家庭不利於兒童與少年的身心健全發展時，政府應保護之，並提供適當之照顧或安置資源，以利其健康成長。

5. 整合早療服務：政府應整合社會福利、衛生、教育等部門，提供兒童早期療育服務。

6. 建立照顧體系：政府應建構完整之兒童教育與照顧服務體系，落實整合托兒、學前教育及學齡兒童課後服務，並對處於經濟、文化、區域、族群發展等不利條件下的兒童及少年，保障其接受平等普及且高品質之照顧支持的機會。

7. 協助潛能發展：政府應結合民間協助兒童與少年建立自尊、培養社區歸屬感、熱愛生命、因應生活壓力、學習獨立自主、參與公共事務

及發展潛能。

　　除了福利服務之外，社會福利政策綱領的其他福利項目，也與兒童福利政策息息相關。例如，社會保險與社會救助的對象，必然包含兒童在內；家人就業有安全保障、住宅及社區的環境良好、醫療保健體系健全，則所有的兒童也將同蒙其利。

第四節
當前的兒童福利政策

　　兒童福利政策，是社會政策的一環，社會有所變遷，政府在兒童福利政策上也需有所因應，以便順應社會的發展，增進兒童福利。

　　生育率下降，是全球性的共同趨勢，而少子女化，則是現代化國家必須面臨的共同議題。近年來，臺灣生育率屢創新低，跨國婚姻增多，新臺灣之子面臨生活適應及學習問題。此外，離婚率升高，婦女就業率增加，兒童的教養及照顧問題，亦不容忽視。因此，當前我國對於兒童福利不斷有一些新的政策。

　　以下根據行政院施政方針，以及衛生福利部社會及家庭署有關兒童及少年福利的資訊，擇要說明我國當前的兒童福利政策：

一　提供托育補助及育兒津貼

　　1.為減輕父母托育負擔，辦理保母托育費用補助。

　　2.為協助家庭照顧兒童，減輕父母育兒負擔，辦理父母未就業家庭育兒津貼。

　　3.以「津貼補助」及「托育服務」雙軌方式提供家長多元的選擇，

加強托育服務管理機制，並與民間團體合作，共同營造友善的托育環境。

二 落實兒童及少年福利與權益保障

1. 設置「行政院兒童及少年福利與權益推動小組」，建立專責統籌、協調及決策之機制，推動以預防為優先之整合性服務網絡，健全兒童及少年權益保障事務，以符民意要求及民間團體期待。

2. 設置「全國未成年懷孕諮詢專線」（0800-257085）及未成年懷孕求助網絡，協助未成年面對懷孕問題，轉介進行後續處遇服務。

3. 基於滿足兒童需求，符合民眾期待及減輕家庭負擔等前提下，辦理兒童及少年健保及醫療補助。

三 精進收出養服務制度及早期療育措施

1. 為落實「兒童及少年收出養媒合服務者許可及管理辦法」，對於機構團體從事兒童及少年收出養服務之輔導、監督職責，並促進機構團體收出養業務之推動及發展。

2. 為提升早期療育機構服務品質，定期辦理早期療育機構評鑑，被評鑑為優等及甲等之機構，依其規模發給獎牌及獎勵金；被評鑑為丙等及丁等之機構，停發補助金一年，並接受輔導及複評。

四 強化機構安置專業服務品質

1. 為落實兒童及少年福利與權益保障法第 57 條規定，直轄市及縣市政府對兒童及少年實施緊急安置、繼續安置及延長安置，並於安置期間期滿或依法撤銷安置。

2.訂定「兒童及少年結束家外安置後續追蹤輔導及自立生活服務作業規定」，對於結束安置之兒童及少年，應續予追蹤輔導至少一年。

3.訂定直轄市、縣（市）政府轉介安置身心障礙者托育／養護契約書範本，使須安置之身心障礙者，獲得妥善托育／養護之照顧及適性之個別化等服務。

五 推動家庭式托育登記及安置

1.建立居家式托育管理機制「居家式托育服務提供者登記及管理辦法」，逐步將保母納入政府管理輔導體系。

2.建構評價優質之托育環境，補助地方政府辦理公私協力評價托嬰中心。

3.提升社區托育品質及托育服務，補助各地方政府辦理托育資源中心。

六 推展近便多元家庭支持服務

1.協助遭變故或家庭功能需支持之家庭紓緩經濟壓力，提供兒童及少年緊急生活扶助。

2.辦理弱勢家庭兒童及少年社區照顧服務，期能分擔家庭照顧壓力，提升家庭照顧功能。

3.提早發現而紓照顧困境，預防而虐事件，推動高風險家庭兒少處遇服務方案。

綜觀上述，臺灣兒童福利的政策，從憲法、社會福利政策綱領，到當前的政策主張，可以說是前後輝映，一脈相承，均以維護兒童身心健

康、促進兒童正常發育、保護兒童基本權益為目的,並以家庭為核心,結合社區的力量,共同推動各項兒童福利措施。至於當前兒童福利的政策,則聚焦在高風險兒童及家庭、幼托照顧及津貼、兒童少年保護。

　　從這些政策,可以看到政府主導性的角色,但其背後的精神則是強調家庭與雙親權利(彭淑華,1995)。因此,臺灣當前的兒童福利政策,可以說是國家干涉主義與家庭雙親權利兩者相互融合的一種政策取向。

第 **4** 章

兒童福利的法規

　　社會立法是社會政策的具體表現，也是推展社會福利的重要依據。尤其現代社會是民主法治的社會，一切福利措施必須依法進行，兒童福利工作當然也不例外。

　　就臺灣地區而言，有關兒童福利的法規不勝枚舉，依其與兒童福利直接相關及立法時間為序，比較重要的法規可歸納如表 4-1：

表 4-1　我國兒童福利主要法規

名稱	訂頒時間	最近修正時間
兒童及少年福利與權益保障法	民國 62 年 5 月	民國 103 年 1 月
兒童及少年性交易防制條例	民國 84 年 8 月	民國 96 年 7 月
兒童及少年福利機構設備標準	民國 93 年 12 月	民國 102 年 12 月
兒童及少年福利機構專業人員資格及訓練辦法	民國 93 年 12 月	民國 103 年 1 月
私立兒童及少年福利機構設立許可及管理辦法	民國 93 年 12 月	民國 101 年 5 月
兒童及少年福利機構評鑑及獎勵辦法	民國 93 年 2 月	民國 103 年 1 月
兒童權利公約施行法	民國 103 年 6 月	
幼兒教育及照顧法	民國 100 年 6 月	民國 102 年 6 月

　　以下僅就「兒童及少年福利與權益保障法」、「兒童及少年性交易防制條例」、「兒童及少年福利機構設置標準」等三項法規，略作分析：

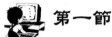

第一節
兒童及少年福利與權益保障法分析

我國在社會福利立法方面，以兒童服務法最早完成立法程序，顯示我國在社會福利領域，首重兒童福利。兒童福利法係於民國62年2月8日由總統公布實施。民國92年5月，兒童福利法與少年福利法合併修法，改稱為兒童及少年福利法，民國100年11月再度修法，改稱為兒童及少年福利與權益保障法。現行條文的要點及特色如下：

一　法規要點

1. 立法目的

依本法第1條規定，係為促進兒童及少年身心健全發展，保障其權益，增進其福利。

2. 保障對象

依本法第1條規定，保障對象為未滿18歲之兒童及少年。其中，兒童，指未滿12歲之人；少年，指12歲以上未滿18歲之人。

3. 保障的責任

是由父母（或監護人）與政府，共同負責。其中，父母負責教養及保護，政府負責提供所需服務及措施，並且相互配合。

本法第3規定，父母或監護人，對兒童及少年負保護、教養之責

任；並配合及協助主管機關、目的事業主管機關或兒童及少年福利機構、團體所為的各項措施。

第 4 條規定，政府、福利機構或團體，應協助兒童及少年之父母或監護人或其他實際照顧兒童及少年之人，維護兒童及少年健康，促進其身心健全發展；對於需要特殊協助之兒童及少年，應提供其所需之服務及措施。

4.福利措施

本法第 23 條規定，直轄市、縣（市）政府，應建立整合性服務機制，並鼓勵、輔導、委託民間或自行辦理下列兒童及少年福利措施：

(1)建立發展遲緩兒童早期通報系統，並提供早期療育服務。

(2)辦理兒童托育服務。

(3)對兒童、少年及其家庭提供諮詢服務。

(4)對兒童、少年及其父母辦理親職教育。

(5)對於無力撫育其未滿 12 歲之子女或受監護人者，視需要予以托育、家庭生活扶助或醫療補助。

(6)對於無謀生能力或在學之少年，無扶養義務人或扶養義務人無力維持其生活者，予以生活扶助、協助就學或醫療補助，並協助培養其自立生活之能力。

(7)早產兒、罕見疾病、重病兒童、少年及發展遲緩兒童之扶養義務人無力支付醫療費用之補助。

(8)對於不適宜在家庭內教養或逃家之兒童及少年，提供適當之安置。

(9)對於無依兒童及少年，予以適當之安置。

(10)對於因懷孕或生育而遭遇困境之兒童、少年及其子女，予以適當之安置、生活扶助、醫療補助、托育補助及其他必要協助。

(11)辦理兒童課後照顧服務。

⑿對結束安置無法返家之少年，提供自立生活適應協助。

⒀辦理兒童及少年安全與事故傷害之防制、教育、宣導及訓練等服務。

⒁其他兒童、少年及其家庭之福利服務。

5.福利機構

依本法第 75 條規定，兒童及少年福利機構分類如下：

⑴托嬰中心。

⑵早期療育機構。

⑶安置及教養機構。

⑷心理輔導或家庭諮詢機構。

⑸其他兒童及少年福利機構。

6.行政體制

依本法第 6 條規定，兒童及少年福利之主管機關：在中央為衛生福利部；在直轄市為直轄市政府；在縣（市）為縣（市）政府。

第 7 條則規定，本法所定事項，主管機關及目的事業主管機關應就其權責範圍，針對兒童及少年之需要，尊重多元文化差異，主動規劃所需福利，對涉及相關機關之兒童及少年福利業務，應全力配合之。

二 法規特色

民國 101 年 11 月修正公布的「兒童及少年福利與權益保障法」，相較於之前的「兒童及少年福利法」，有下列幾項特色：

1. 規定居家式托育須登記

為減少因非專業人員照顧而發生嬰幼兒意外事件，規定提供居家式托育服務者，應向直轄市、縣市主管機關辦理登記後，始得為之。也就是將實際執業保母以登記方式統一納入輔導管理。

2. 強化兒童收出養制度

為避免販嬰情事發生，除親屬間之收養外，收養出養的媒合服務必須委託經過主管機關許可的財團法人、公私立兒童安置或教養機構代為辦理。且在法院認可收養前，收養人得接受親職準備教育課程、精神鑑定及藥酒癮檢測，或其他維護兒童及少年最佳利益之重要事項。

3. 保障無法確認身分的兒童

對於未辦理戶籍登記、無國籍或未取得居留定居之兒童與少年，增訂其在國內可享受與國內兒少同等權益條文，包括社會福利服務、醫療照顧、就學權益等事項。

4. 加強媒體對兒童的社會責任

健全兒童的閱聽環境，加強新聞紙刊載及網際網路內容的管理機制，增訂新聞紙不得報導有害兒童身心健康之內容；另賦予網際網路平臺業者對兒童及少年應採取防護措施之責任，違反者重罰。

5. 規範媒體對兒童身分的報導

為維護兒童的隱私權，規定宣傳品、廣播、電視、網際網路或其他媒體不得報導或記載兒童的姓名或其他足以辨識身分之資訊，包括：刑事事件、少年保護事件之當事人或被害人。

6.增訂兒童服務人員的資格

為維護兒童及少年人身安全，規定有性騷擾、性侵害行為、罹患精神疾病或身心狀況違常，以及嚴重行為不檢者，不得擔任兒童福利機構或兒童課後照顧服務班及中心之負責人及工作人員。

7.建立學校社會工作制度

為強化受虐兒童的保護及處遇、中輟等非行兒童的輔導，以及其他福利相關工作之成效，規定直轄市、縣市教育主管機關應設置社會工作人員或專任輔導人員，執行本法（教育）相關業務。

8.增列相關主管機關的權責

較前法增加：法務、通訊傳播、金融、經濟、體育、文化等目的事業主管機關的權責，以全力配合規劃及推展兒童及福利業務。

9.規定課後托育中心限期改制

為配合「幼兒教育及照顧法」的實施，兒童課後照顧服務統一由教育主管機關主責，但此次修法前已核准立案的課後托育中心，基於信賴保護原則，規定二年內完成申請改制為兒童課後照顧服務中心。

總之，「兒童及少年福利與權益保障法」除了在前法的基礎上持續增進兒童福利之外，進一步積極保障兒童權益，將使我國的兒童福利邁向一個嶄新的里程碑。

第二節
兒童及少年性交易防制條例分析

一般而言，兒童的身心成長，是個體一生發展的重要階段，也是往後順利成長的奠基時期，所以兒童時期需要保護和協助。如果兒童在成長過程中，不幸淪為他人性交易之對象，則不僅戕害兒童的身體發育，而且傷害兒童的心理發展。因此，政府於民國 84 年 8 月訂頒「兒童及少年性交易防制條例」以為防範（88、89、94、96 年修正）。此項法規的要點及特色如下：

一　法規要點

1. 立法目的

依本條例第 1 條規定，係為防制、消弭以兒童少年為性交易事件。

2. 預防宣導

依本條例第 3 條規定，法務、教育、衛生、國防、新聞、經濟、交通等相關單位涉及兒童及少年性交易防制業務時，各單位應訂定教育宣導等防制辦法。第 4 條規定其教育宣導內容，包括：

(1)正確性心理之建立。

(2)對他人性自由之尊重。

(3)錯誤性觀念之矯正。

(4)性不得作為交易對象之宣導。

(5)兒童或少年從事性交易之遭遇。

(6)其他有關兒童或少年性交易防制事項。

3.通報救援

依本條例第 6 條至第 10 條之規定,救援措施包括:

(1)犯罪偵查任務編組:法務部與內政部應指定所屬機關成立檢警之專責任務編組,負責全國性有關兒童及少年性交易犯罪之偵查工作。

(2)設立救援專線:犯罪偵查任務編組成立後,應即設立或委託民間機構設立全國性救援專線。

(3)救援之告發:醫師、藥師、護理人員、社會工作員、臨床心理工作者、教育人員、保育人員、警察、司法人員、觀光業從業人員及其他相關業務人員,知悉兒童及少年從事性交易或有從事之虞者,應即向主管機關告發,告發人之身分應予保密。

(4)陪同偵訊制度:有關兒童及少年性交易案件偵查、審判中,於訊問時,主管機關應指派社工人員陪同在場,並得陳述意見。

4.安置與保護

依本條例第 11 條至 21 條之規定,安置與保護措施主要包括:

(1)中輟學生通報:教育部應訂頒中輟學生通報辦法,國民中小學發現學生未請假且未上課三天以上者,或轉學生未報到者,應即通知主管機關指派社工人員調查及採取必要措施。

(2)設立關懷中心:為免脫離家庭之兒童或少年淪入色情場所,主管機關應設立或委託民間設立關懷中心,提供緊急庇護、諮詢、聯繫或其他必要措施。

(3)設置收容中心:直轄市、縣(市)主管機關應設置專門安置從事性交易或有從事之虞之兒童或少年之緊急或短期收容中心及短期收容中

心，並聘專業人員辦理觀察、輔導及醫療等事項。

　　(4)設置中途學校：教育部與內政部應協調直轄市、縣（市）主管機關共同設置專門安置從事性交易之兒童或少年之中途學校，並聘社工、心理、輔導、特殊教育等專業人員，提供特殊教育及輔導。

　　(5)委託機構安置：對於兒童及少年有從事性交易，但罹患愛滋病者、懷孕者、外國籍者、來自大陸地區者、智障者等情形者，應安置於主管機關委託之兒童福利機構、寄養家庭或醫療或教育機構，或為其他處遇，並予輔導和協助。

5.行政體制

　　依本條例第 3 條規定，兒童及少年性交易防制的主管機關，在中央為衛生福利部、直轄市為直轄市政府，縣市為縣市政府。依第 3 條規定，兒童及少年性交易防制的主管機關，應獨立編列預算並設置專職人員辦理兒童及少年性交易防制業務。

二　法規特色

　　本來，在兒童福利法與少年福利與權益保障法之中，已有禁止利用兒童或少年作為性交易的對象。例如，「兒童及少年福利與權益保障法」第 49 條第 9 款規定：任何人對兒童及少年不得強迫、引誘、容留或媒介兒童及少年為猥褻行為或性交。相對的，兒童及少年性交易防制條例是一種特別法，具有下列特色：

1. 定位為特別法

　　第 5 條明文規定：本條例為有關兒童及少年性交易防制事項之特別法，優先他法適用。可見，本條例是以特別法的方式規範違法的性交

易,其目的在使法官於審理此類案件時,能優先適用本條例,俾以確保兒童及少年的權益。

2. 採取重罰原則

在違法的性交易案件中,兒童及少年往往是處於弱勢地位的被害人,因而對於加害者應課以重罰,以發揮嚇阻作用。本條例第四章罰則部分均採重罰原則,依情節輕重分別處以有期徒刑、無期徒刑、死刑,並科以高額罰金,其經判刑確定者,公布姓名、照片。

3. 刑事處罰採非告訴乃論

本條例有關刑事制裁方面,與目前的刑法不同的是採「非告訴乃論」,亦即違犯者必須以公訴罪處理(李清泉,1995)。因此,對於與兒童及少年性交易者,或引誘、容留、媒介、協助等法使未滿 18 歲之人為性交易者,均屬公訴罪,以收處罰實效。

4. 兼顧預防與控制

依本條例之規定,在事件發生前,必須加強教育宣導;在事件發生時,必須及時採取救援及安置保護的措施;事件處理後,仍應對被害人施以輔導教育,對加害人加以處罰,前後連貫,以收防患未然與社會控制的雙重效果。

5. 有具體的配套措施

有關違法性交易的教育宣導、救援、安置、保護等,在本條例中均有具體的相關規定。其中,教育部門負責中途輟學學生通報、內政部門設立關懷中心、地方政府設置收容中心、內政部門與教育部門聯合協調地方政府設置中途學校、法務部門負責犯罪偵察及裁處工作。

6.運用社工專業

本條例第 10 條規定,案件偵察、審判中,於訊問兒童或少年時,主管機關應指派社工人員陪同在場,並得陳述意見;第 11 條規定,主管機關對於國民中、小學通報中途輟學學生時,應即指派社工人員調查及採取必要措施。凡此,均在運用社工專業以協助受害兒童及少年。

7.重視團隊工作

本條例第 3 條規定,法務、教育、衛生、國防、新聞、經濟、交通等相關單位,對於兒童及少年性交易業務應全力配合,並應成立督導會報,定期檢討;第 9 條規定,醫師、藥師、護理人員、社工人員、臨床心理工作人員、教育人員、保育人員、村里幹事、警察、司法人員、觀光業從業人員、網際網路服務供應商、電信系統業者及其他執行兒童福利或少年福利業務人員,應負通報責任。由此,顯示本條例強調團隊合作及服務協調,以收更佳效果。

此外,「兒童及少年性交易防制條例」亦指出:本條例未規定者,適用其他法律之規定。所以,對於性交易案件的防制,除本條例之外,尚應配合運用「兒童及少年福利與權益保障法」、「性侵害犯罪防治法」、「家庭暴力防治法」、「少年事件處理法」、「刑法」、「刑事訴訟法」、「社會秩序維護法」等相關法律的規定,以徹底杜絕後患。

第三節
兒童及少年福利機構設置標準分析

依據兒童及少年福利與權益保障法第 75 條第 2 項規定：兒童及少年福利機構之規模、面積、設施、人員配置及業務範圍等事項之標準，由中央主管機關定之。

我國兒童福利中央主管機關衛生福利部，於民國 93 年 12 月 23 日訂定「兒童及少年福利機構設置標準」，到了民國 102 年，為因應「幼兒教育與照顧法」公布實施，進行第五次修正，將托育機構中的托兒所、課後照顧中心劃歸教育單位主管，只留托嬰中心。茲依現行設置標準略作分析：

一 托嬰中心的設置

1. 托嬰中心的服務項目

托嬰中心，指辦理未滿 2 歲兒童托育服務之機構，且應具有收托或安置 5 人以上之規模。已收托之兒童達 2 歲，尚未依幼兒教育及照顧法規定進入幼兒園者，托嬰中心得繼續收托，其期間不得逾一年。托嬰中心不得以兒童是發展遲緩、身心障礙或低收入戶、中低收入戶為理由拒絕收托。托嬰中心應提供受托兒童獲得充分發展的學習活動及遊戲，以協助其完成各階段的發展，並依其個別需求提供下列服務：

(1)兒童生活照顧。

(2)兒童發展學習。

(3)兒童衛生保健。

(4)親職教育及支持家庭功能。

(5)記錄兒童生活成長與諮詢及轉介。

(6)其他有益兒童身心健全發展者。

2.托嬰中心的收托方式

(1)半日托育：每日收托時間未滿 6 小時者。

(2)日間托育：每日收托時間在 6 小時以上未滿 12 小時者。

(3)臨時托育：父母、監護人或其他實際照顧兒童之人因臨時事故送托者。臨時托育時間不得超過半日托育及日間托育的時間。

3.托嬰中心的空間

(1)設置的樓層：托嬰中心應有固定地點及完整專用場地，其使用建築物樓層以使用地面樓層一樓至三樓為限，並得報請主管機關許可，附帶使用地下一樓作為行政或儲藏等非兒童活動之用途。

(2)應有的設備：托嬰中心應依收托規模、兒童年齡及發展能力不同分別區隔，並具有下列空間：活動區、睡眠區、盥洗室、清潔區（含沐浴槽及護理臺）、廚房、備餐區（含調奶臺）、用餐區、行政管理區、其他與服務相關之必要空間，並應有適當標示。其中，盥洗室、清潔區應與備餐區、用餐區有所區隔，各個空間，得視實際情形，依規定調整併用。

(3)應有的面積：托嬰中心室內樓地板面積及室外活動面積，扣除盥洗室、廚房、備餐區、行政管理區、儲藏室、防火空間、樓梯、陽臺、法定停車空間及騎樓等非兒童主要活動空間後，合計應達 60 平方公尺以上。提供兒童主要活動空間，室內樓地板面積，每人不得少於 2 平方公尺；室外活動面積，每人不得少於 1.5 平方公尺。

(4)接送的設備：托嬰中心應提供適當隔間且符合兒童年齡發展專用固定之坐式小馬桶一套；超過20人者，每15人增加一套；每收托10名兒童應設置符合兒童使用之水龍頭一座。

4.托嬰中心的人員配置

托嬰中心應置專任主管人員一人、特約醫師或專任護理人員至少一人；每收托5名兒童應置專任托育人員一人，未滿5人者，以5人計。

二 早期療育機構

1.早期療育機構的類別

早期療育機構，是指辦理發展遲緩兒童早期療育服務的機構。早期療育機構的服務方式，分為下列二種：

(1)日間療育：以半日托育、日間托育或全日托育的方式，提供發展遲緩兒童療育及照顧。

(2)時段療育：以部分時段托育的方式，提供發展遲緩兒童療育及照顧。

(3)到宅療育服務：因應父母、監護人或其他實際照顧兒童之人的需求，遴派專業人員，至服務對象所在處所提供療育服務。

2.早期療育機構的服務項目

早期療育機構應以家庭為服務對象，為兒童及其父母、監護人或實際照顧兒童之人，提供下列服務：

(1)療育。

(2)生活自理訓練及社會適應。

(3)親職教育及支持家庭功能。

(4)通報、轉介及轉銜等諮詢。

(5)其他有益兒童身心健全發展者。

*3.*早期療育機構的設施及設備

(1)應有的設備：辦公室、保健室、活動室、會談室、訓練室、會議室、盥洗衛生設備、廚房、寢室、其他與服務相關的必要設施設備。其中，辦公室、保健室、會談室，得視實際需要調整併用；活動室、寢室，亦可調整併用；廚房、寢室，於辦理時段療育之機構，得視業務需要設置。

(2)應有的面積：早期療育機構以使用地面樓層一樓至三樓為限，室內樓地板面積扣除辦公室、廚房、儲藏室、防火空間、樓梯、陽臺、法定停車空間及騎樓等非兒童主要活動空間之後，提供日間療育服務者，面積不得少於 100 平方公尺，其供兒童活動的空間，每人室內樓地板面積不得少於 6.6 平方公尺。提供時段療育服務者，面積不得少於 75 平方公尺。

*4.*早期療育機構的人員配置

表 4-2　早期療育機構的人員配置

	專任或特約	人數	備註
主管人員	專任	1 人	
社會工作人員	專任	1 人	每收托 30 名兒童（未滿 30 人，以 30 人計）應置 1 人
早期療育教保人員、早期療育助理教保人員	專任	1 人	*1.* 日間療育：每收 5 名兒童（未滿 5 人，以 5 人計）應置早期療育教保人員、早期療育助理教保人員或療育專業人員 1 人。 *2.* 時段療育：以一對一之個別療育為原則，最高不得超過一對三，早期療育教保人員、早期療育助理教保人員或療育專業人員與受服務者比例，每人每週服務量不得超過 25 人。

療育專業人員	專任或特約	1人	3.療育專業人員，係指特教老師、職能治療師、物理治療師、心理師、語言治療人員、定向行動訓練人員、醫師及護理人員等。
行政人員或其他工作人員		1人	收托 30 名以上兒童的機構，至少應置專任人員 1 人。

三 安置及教養機構

1. 安置及教養機構的收容對象

(1)不適宜在家庭內教養，或逃家之兒童及少年。

(2)無依兒童及少年。

(3)未婚懷孕或分娩而遭遇困境之婦嬰。

(4)違反兒童及少年福利與權益保障法 52 條規定（吸菸、飲酒、嚼檳榔、施用毒品、使用色情或賭博之出版品、飆車、出入不當場所、在禁止場所從事不正當工作、品行不端、暴力等偏差行為），經盡力禁止或盡力矯正而無效果之兒童及少年。

(5)有兒童及少年福利與權益保障法第 56 條規定情事（未受適當養育或照顧，有立即接受診治必要而未就醫，遭遺棄、身心虐待、買賣、質押，被強迫或引誘從事不正當之行為或工作者），應予緊急保護、安置之兒童及少年。

(6)因家庭發生重大變故，致無法正常生活於其家庭之兒童及少年。

(7)兒童及少年及其家庭有其他依法得申請安置保護之情事者。

2. 安置及教養機構的服務項目

安置及教養機構，應以滿足安置對象發展需求及增強其家庭功能為原則，並提供下列服務：

(1)生活照顧。

(2)心理及行為輔導。

(3)就學及課業輔導。

(4)衛生保健。

(5)衛教指導及性別教育。

(6)休閒活動輔導。

(7)就業輔導。

(8)親職教育及返家準備。

(9)自立生活能力養成及分離準備。

(10)追蹤輔導。

(11)其他必要之服務。

3.安置及教養機構的設施及設備

(1)應有的設備：安置及教養機構生活空間之規劃，應以營造家庭生活氣氛為原則，視服務性質設置下列設施設備：客廳或聯誼空間、餐廳、盥洗衛生設備、廚房、寢室（含工作人員值夜室）、其他與生活起居相關之必要設施設備，並視服務性質，設置多功能活動室、辦公室、會談室、圖書室、保健室。其中，辦公室、多功能活動室、圖書室，得視實際情形調整併用；並得視業務需要增設調奶臺、護理臺、沐浴臺、育嬰室、職訓室、會議室、情緒調整室、感染隔離室、會客室、健身房、運動場等設施設備。

(2)應有的面積：安置及教養機構，以使用地面樓層一樓至四樓為限，其室內樓地板面積，不得少於 120 平方公尺，室外活動面積，每人不得少於 3 平方公尺（得報請主管機關許可以室內樓地板面積代之）。安置及教養機構應有面積的使用，並應符合下列規定：

表 4-3 　安置及教養機構應有面積的使用規定

	每人使用面積不得少於	寢室及盥洗設備不少於	備註
安置未滿 2 歲之兒童者	10 平方公尺	3.5 平方公尺	每一寢室安置未滿 3 個月兒童最多以 15 人為限，3 個月以上未滿 2 歲之兒童最多以 9 人為限。
安置 2 歲以上兒童及少年者	15 平方公尺	8 平方公尺	每一寢室安置 2 歲以上之兒童最多以 6 人為限，少年最多以 4 人為限。
未婚懷孕或分娩而遭遇困境之婦嬰	20 平方公尺	10 平方公尺	每 4 人至少應有 1 間盥洗設備。

4.安置及教養機構的人員配置

表 4-4 　安置及教養機構的人員配置

	專任或特約	人數	備註
主管人員	專任	1 人	
保育人員、助理保育人員、保母人員、生活輔導人員或助理生活輔導人員	專任		1. 安置未滿 2 歲兒童，每 3 人至少應置保育人員、助理保育人員或保母人員 1 人。 2. 安置 2 歲以上未滿 6 歲兒童，每 4 人至少應置保育人員或助理保育人員 1 人。 3. 安置 6 歲以上兒童，每 6 人至少應置保育人員或助理保育人員 1 人。 4. 安置少年，每 6 人至少應置生活輔導人員或助理生活輔導人員 1 人。 5. 安置不適在家、逃學、無依、施用毒品、出入不當場所等兒童，每 4 人至少應置保育人員或助理保育人員 1 人。 6. 安置少年者，每 4 人至少應置生活輔導人員或助理生活輔導人員 1 人。
社會工作人員	專任	1 人	1. 安置不適在家、未婚懷孕、施用毒品等兒童，每 15 人應置社會工作人員 1 人。 2. 安置無依、家庭變故等兒童，每 30 人應置社會工作人員 1 人。

心理輔導人員	得特約	1 人	辦理第 2 條第 3 款（不適在家、施用毒品、未受適當照顧）所定業務機構，收容 40 人以上者應置 1 人；每超過 40 人應增設 1 人，未滿 40 人者，得以特約方式聘用。安置第 2 條第 3 款第 2 目（無依）、第六目（家庭變故）及第 7 目（申請安置）所定 2 歲以上之兒童，每 75 人應置心理輔導人員一人，未滿 75 人者，得以特約方式聘用。
醫師或護理人員	得特約		
行政人員或其他工作人員	得由相關人員兼任	1 人	

四　心理輔導或家庭諮詢機構

1. 心理輔導或家庭諮詢機構的服務項目

心理輔導或家庭諮詢機構，係指辦理對於兒童及少年及其家庭提供諮詢輔導服務，及對兒童及少年及其父母辦理親職教育之機構。心理輔導或家庭諮詢機構，應針對兒童及少年及其家庭或實際照顧兒童及少年之人，提供下列服務：

(1)兒童及少年之認知、情緒（感）、心理及行為輔導。

(2)兒童及少年就學、就業等之心理輔導及諮詢。

(3)兒童及少年及其家庭親職教育、親子關係諮詢輔導及相關處遇。

(4)兒童及少年福利諮詢、轉介。

(5)其他必要之服務。

2. 心理輔導或家庭諮詢機構的設施及設備

心理輔導或家庭諮詢機構室內樓地板面積不得少於 75 平方公尺，

並應具有下列設施設備：辦公室、參觀室、多功能活動室、盥洗衛生設備、其他與服務相關之必要設施設備。其中，辦公室與保健室，得調整併用；教室、活動室或遊戲室、會議室、閱覽室，亦可調整併用。

3.心理輔導或家庭諮詢機構的人員配置

心理輔導或家庭諮詢機構，應置專任主管人員一名，綜理機構業務，並置下列工作人員：心理輔導人員、社會工作人員、行政人員或其他工作人員。其中，心理輔導人員、社會工作人員，應為專任。

五 其他兒童福利機構

1.福利服務機構的服務項目

福利服務機構應針對兒童及少年及其家庭成員，提供下列服務：個案服務、團體服務、社區服務、外展服務、轉介服務、親職教育、親子活動。

此外，並得視需要提供諮商服務、閱覽服務、遊戲服務、資訊服務、休閒或體能活動或其他福利服務。

2.福利服務機構的設施及設備

福利服務機構，室內樓地板面積不得少於150平方公尺，並應具有下列設施設備：辦公室、會談室、活動室、會議室、盥洗衛生設備、其他與服務相關之必要設施設備。其中，活動室、會議室，得視實際情形調整併用；並得視業務需要增設遊戲室、保健室、閱覽室、電腦室、運動場等設施設備。

3.福利服務機構的人員配置

福利服務機構應置專任主管人員一人，綜理機構業務，並置下列人員：社會工作人員、心理輔導人員、行政人員或其他工作人員。其中，社工人員應至少一人為專任；心輔人員得以特約方式辦理。

福利服務機構提供兒童及少年遊樂設施或體能活動者，應置專人管理並提供必要之指導。

除以上三種與兒童福利直接有關的法規之外，兒童福利的推展常須與衛生、教育、司法、勞工等相關機構密切聯繫，協力合作。所以，從事兒童福利工作，對於相關領域的法規，例如「優生保健法」、「特殊教育法」、「幼兒教育與照顧法」、「勞動基準法」、「民法」、「刑法」等，亦須加以留意及運用，以保障兒童權益，增進兒童福利。

第 5 章

兒童福利的行政體制

　　兒童福利是政府推動社會福利的重要項目之一，通常在政府機關設有專司單位，負責推動兒童福利業務。同時，在福利多元主義的思潮下，政府也鼓勵私人團體設置兒童福利機構，共同促進兒童福利。這些私立的兒童福利機構仍應接受政府的規範或輔導。因此，無論公立或私立兒童福利機構，都不能忽略兒童福利的行政體制。

　　茲就各級政府兒童福利的行政組織、私立兒童福利機構立案及管理、兒童福利機構評鑑及獎勵等三項，略述我國兒童福利的行政體制。

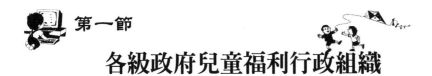

第一節
各級政府兒童福利行政組織

　　目前，我國兒童福利的行政主管機關，在中央為衛生福利部、在直轄市為直轄市政府；在縣（市）為縣（市）政府。

一　中央政府方面

　　行政院為辦理全國衛生及福利業務，特設衛生福利部。依據「衛生福利部組織法」第五條規定，衛生福利部設有：疾病管制署、食品藥物管理署、中央健康保險署、國民健康署、社會及家庭署、國民年金局等次級機關。其中，社會及家庭署掌管的業務為：規劃與執行老人、身心障礙者、婦女、兒童及少年福利及家庭支持事項。社會及家庭署的行政組織系統，如圖 5-1：

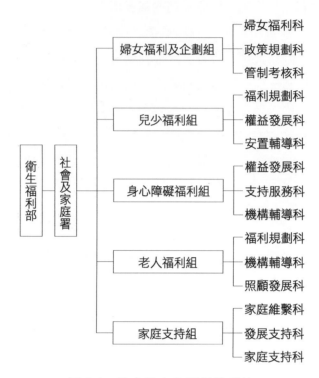

圖 5-1　社會及家庭署組織系統

資料來源：社會及家庭署

　　由圖 5-1 顯示，兒少福利組是中央政府直接掌管兒童福利的業務單位。依據社會及家庭署的處務規程，兒少福利組掌理事項如下：

　　1. 兒童及少年福利服務政策之規劃、推動及相關法規之研擬。

　　2. 兒童及少年權益保障、社會參與政策之規劃及推動。

　　3. 兒童及少年經濟安全政策之規劃、推動及相關法規之研擬。

　　4. 兒童及少年福利機構之規劃、推動及相關法規之研擬。

　　5. 兒童及少年福利之教育宣導及研究發展。

　　6. 少子女化趨勢因應對策之規劃、推動及執行。

7. 其他有關兒童及少年福利與權益保障事項。

簡言之，衛生福利部社會及家庭署兒少福利組的業務，是有關兒童的福利政策、權益保障、社會參與、經濟安全、福利機構、教育宣導、研究發展之規劃、推動及相關法規之研擬。

二 🐰 直轄市政府方面

目前，臺北市、高雄市、新北市、臺中市、臺南市是直轄市，桃園縣亦經行政院核定即將升格為直轄市。在直轄市，主管兒童福利的單位是社會局。茲以臺北市為例，說明其社會局的組織系統：

1. 人民團體科：社會團體、工商業及自由職業團體、合作社、社區發展協會及社會福利相關基金會等會務輔導事項。

2. 社會救助科：弱勢市民生活扶助、醫療補助、急難救助、災害救助、社會保險補助、以工代賑、平價住宅管理及居民輔導等事項。

3. 身心障礙者福利科：身心障礙者有關之權益維護、福利服務及相關機構之監督與輔導等事項。

4. 老人福利科：老人有關之權益維護、福利服務及相關機構之監督與輔導等事項。

5. 婦女福利及兒童托育科：婦女有關之權益維護、福利服務、性別平權倡導及相關機構之監督與輔導；兒童托育業務及相關機構之監督與輔導等事項。

6. 兒童及少年福利科：兒童及少年有關之權益維護、福利服務及相關機構之監督與輔導等事項。

7. 綜合企劃科：社會福利政策、制度、施政計畫之規劃整合與研究發展、社會福利有關基金之管理及殯葬業務督導等事項。

8. 社會工作科：社會工作直接服務、遊民輔導庇護、社會工作專業

發展、社會工作師管理及志願服務等事項。

　　據此可知，台北市社會局掌管兒童福利的業務單位是兒童及少年福利科。同時，婦女福利及兒童托育科也負責兒童托育業務，使兒童福利橫跨兩個科，可能是業務量較大的緣故。

　　其他，新北市社會局設兒少福利科（另有兒童托育科），與台北市相近；台中市、台南市的社會局設婦女及兒少福利科；高雄市、桃園縣的社會局設兒童及少年福利科（含兒童托育）。

三　縣市政府方面

　　目前，我國有 16 個縣市政府（含金門縣、連江縣），多數設置社會處主管兒童福利業務。茲以屏東縣為例，說明其社會處的組織系統；

　　1.社會行政科；人民團體輔導、社區發展協會輔導、合作事業輔導、公益勸募業務與注意事項、 模範父親、模範母親表揚。

　　2.婦幼科：若是家庭兒童及少年補助（醫療補助、臨時托育補助、生活扶助補助、緊急生活補助、保母托育補助）、父母未就業家庭育兒津貼、未婚媽媽新生兒營養補助、早期療育補助及個案管理、特殊境遇家庭補助、兒童托育津貼、課後照顧、安置機構教養、收出養監護、托嬰中心管理等。

　　3.長青科：中低收入老人補助（健保補助、住院看護補助、醫療補助、特別照顧津貼）、友善關懷、公費安置、長照交通接送、重陽敬老、社區照顧關懷據點、志願服務等。

　　4.社會救助科：低收入戶補助（生活扶助、生育補助、產婦及嬰兒營養補助、住宅興建修繕補助、醫療補助）、急難救助、川資補助、災害救助、遊民收容、物資銀行等。

　　5.身心障礙福利科：身心障礙者補助（租金補助、社會保險補助、

生活補助、輔具補助）、障礙證明行政業務、社區日間照顧、公益彩券等。

　　*6.*社會工作科：家暴及性侵害防治、性騷擾防治、兒少性交易防制、高風險家庭關懷、社會工作制度等。

　　據此可知，屏東縣社會處掌管兒童福利的業務單位是婦幼科，主要業務包括、補助、津貼、早期療育個案管理、課後照顧、機構安置教養、收出養監護。

　　其他，有些縣市社會處係與相關單位合併，例如苗栗縣設勞動與社會資源處、花蓮縣設社會暨新聞處。另，連江縣設民政局，尚未設社會處局。同時，有關兒童福利的科室，除了屏東縣為婦幼科之外，多數縣市為婦女及兒少福利科。另外，彰化縣為兒童及少年福利科、苗栗縣、嘉義市為社會福利科、南投縣、金門縣為社工及婦幼福利科、連江縣為社會課。

第二節
兒童福利機構立案及管理

　　兒童及少年福利與權益保障法」第 82 條規定：私人或團體辦理兒童及少年福利機構，應向當地主管機關申請立案。茲則要略述私立兒童福利機構立案及管理如下：

一　申請立案

　　私人或團體、財團法人，都可申請設立兒童福利機構。以私人或團體為例，申請時應檢具申請書及相關文件，向機構所在地的縣市政府主

管機關提出申請，主要文件包括：

　　*1.*基本資料：機構名稱、地址、負責人。機構名稱須標明業務性質（如托育、課後輔導），並冠上「私立」二字。其業務相同者，在同一行政區域不得使用相同的名稱。

　　*2.*會議記錄：檢附籌備會議紀錄影本，證明申請案已獲內部共識。

　　*3.*設立目的級業務計畫書：業務性質、業務規模、經費來源、服務項目、服務契約、預訂營運日期。

　　*4.*預算及收退費標準：全年收支概算、收費及退費的標準。

　　*5.*組織架構及人員編制：機構主管及員工的人數、進用資格、條件、工作項目、福利、行政管理等事項。

　　*6.*建築物資料：位置圖、平面圖、樓層、面積、用途說明。

　　*7.*土地及建築物使用權力證明：登記謄本、使用執照、使用權證明、消防設備檢驗合格等文件影本。

　　*8.*財力與保險證明：履行營運之能力證明、公共意外責任保險之保險單。

　　至於財團法人申請附設兒童福利機構，除了上述文件之外，尚需檢附：目的事業主管機關同意函、法人登記證書、捐助章程、代表人簡歷表、董事名冊及身分證、法人及董事印鑑、董事會會議紀錄、財產清冊等。

二　受理與許可

　　縣市政府主管機關接受兒童福利機構申請設立案之後，應會同相關機關實地勘查其設施及設備，合於規定者於一個月內完成審核，並發給設立許可證書。

　　如果申請案件有應補正事項，以書面通知申請者限期補正。如果不

合規定，以書面駁回；

三  變更或廢止

兒童福利機構申請立案之後，可能因為某些情況必須變更營運計畫，或者因故停業、歇業、甚至被主管機關廢止。

1. 變更：兒童福利機構縮減、擴充或遷移者，應於三個月前敘明理由，報經主管機關核可。

2. 停業：兒童福利機構停業一個月以上者，應於 15 日前說明理由及停業起迄日期，報請主管機關核可。停業期間最長不得超過一年，必要時得延長一次。停業期滿後，得於 15 日內向主管機關申請復業許可。未申請復業或申請未獲許可，得廢止其許可。

3. 歇業：兒童福利機構申請歇業，應於三個月前敘明理由及日期，報請主管機關核可，並廢止其原設立許可。

4. 廢止：經許可設立之兒童福利機構，一年內未開始營運，或開始營運後自行停止營運一年以上者，由主管機關廢止其設立許可。

再者，兒童福利機構設立之後，其財務及會計應獨立運作，工作人員每兩年至少實施健康檢查一次。

第三節
兒童福利機構評鑑及獎勵

兒童及少年福利與權益保障法」第 84 條規定，主管機關應辦理輔導、監督、檢查、獎勵及定期評鑑兒童及少年福利機構，並公布評鑑報告及結果。茲依衛生福利部兒童福利機構評鑑及獎勵辦法之規定，擇要

說明：

一 評鑑小組

為維持評鑑之客觀公正，由衛生福利不成立兒童及少年福利機構評鑑小組，負責協調、規劃與執行評鑑事宜，評鑑小組委員七至十一人，成員包括：社會及家庭署與相關目地主管機關代表、相關專家學者、兒童及少年福利團體代表。

二 評鑑項目

兒童及少年福利機構之評鑑，原則上每三年實施一次，其評鑑項目由衛生福利部於評鑑實施六個月前公告，包括：

1. 行政組織及經營管理。
2. 建築物環境及設施設備。
3. 專業服務。
4. 權益保障。
5. 特殊事項或措施。
6. 其他經評鑑小組決議評鑑之項目。

三 獎勵與輔導

兒童福利機構之評鑑結果，分為優等、甲等、乙等、丙等、丁等。被評鑑為優等獲甲等之兒童福利機構，由衛生福利部依其規模核發獎牌或獎勵金；被評鑑為丙等或丁等之兒童福利機構，停止政府資本支出之補助一年，並應提出改善計畫，接受專業人員之輔導。

第 6 章

兒童福利的專業制度

　　兒童福利是一種專業工作，有賴專業人員的推動，以收預期效果。
我國「兒童及少年福利與權益保障法」第 11 條規定：政府及公私立機
構、團體應培養兒童及少年福利專業人員，並應定期舉行職前訓練及在
職訓練；兒童福利專業人員之資格，由中央主管機關定之。

　　同時，在臺灣地區有關兒童福利機構設置標準及設立辦法等法規，
也都規定兒童福利機構有關業務應遴用專業人員辦理。茲略述兒童福利
人員的專業特性、資格及訓練、考選及任用如下：

第一節
兒童福利人員的專業特性

　　當前各國為有效推動兒童福利工作，無不重視兒童福利工作人員的
專業化。何謂專業（profession）？ 根據格倫伍德（E. Greenwood）的研
究，專業具有五項特性：

1. 專業的理論（a body of theory）

　　專業人員不但要有實務經驗，而且要有理論作為行事的基礎。通
常，一項工作，瞭解其中原理必較精通作業流程困難，例如學會修車較
容易，要知道引擎發動的道理則較困難。又如早期的兒童救濟工作，只
要有愛心，人人會做，但是現代的兒童福利重視個別化和自我決定的原
則，在服務輸送過程要如何避免傷害到受助兒童的人格尊嚴？這就需要
有專業知識作為基礎。因此，兒童福利人員必須接受專業教育，充實專
業知識，才知道為何及如何從事兒童福利工作。

2. 專業的權威（a professional authority）

經由專業教育的過程，獲得有組織、有系統的專業知識，然後從事實務工作，通常比較容易被服務對象所信賴，這就是一種專業權威。有人將專業所服務的對象稱為「案主」（client），而將非專業所服務的對象稱為「顧客」（customer）。俗語說：「顧客永遠是對的」（The customer is always right），反之，案主通常有「不對勁」的地方，必須借重專業人員的協助，因為他無法正確判斷問題是什麼？如何解決？例如受教育有限的低收入父母，可能難以判斷要改善家計，到底是讓孩子接受較多的教育？還是讓孩子早些投入職場？此時就須藉助專業社工人員的分析，以供其做較佳的抉擇。

3. 社區的認可（sanction of the community）

作為一種專業，必須建立證照制度（licensing system），而且證照的取得必須通過嚴格的考試或檢覈過程，甚至再經過一段時間的實習或實務歷練，認為已具備專業能力，然後發給證照，始能執業，這樣才能夠獲得所處社區民眾的認同。例如醫師、律師、會計師、營養師、教師等專業，都需具備合格的證照。民國 86 年 4 月，我國通過「社會工作師法」，第 4 條規定：中華民國國民經社會工作師考試及格，並依本法領有社會工作師證書者，得充任社會工作師。當然，取得社會工作師證書，也是兒童福利專業人員的資格之一，本章第二節再詳述。

4. 共同的守則（a code ethics）

一個專業人員對其服務對象及所處社區，往往握有專業判斷權（monopoly of judgement）而免被懷疑，這是一件相當危險的事。因為專業判斷權如果被誤用或濫用，則可能傷害到服務對象及當地社區，所以專業

組織通常會訂定一套倫理守則，作為專業成員共同遵守的行為規範。例如教師須遵守教師自律公約，社會工作人員須遵守社會工作倫理。兒童福利專業人員雖然尚未正式訂定自己的倫理守則（謝友文，1999），一般是參考社會工作倫理，強調秉持愛心、耐心及專業知能為案主（兒童及其家庭）服務，不分性別、年齡、宗教、種族等，本著平等精神，服務案主（林勝義，2012）。

5.專業的文化（a professional culture）

任何專業都有自己的一套價值觀念和行為模式，這就是專業文化。例如醫師的價值觀念認為預防勝於治療，行為模式則是先診斷病因，再對症下藥。至於兒童福利人員在價值觀念方面，一般認為家庭是兒童成長的最佳場所；在行為模式方面，通常認為應該儘量讓兒童的家人去幫助自己的孩子，而不是一味依賴政府機關及工作人員。因此，對於家庭發生重大變故而無法由親生父母撫育的兒童，優先考慮的安置方式是寄養於親屬家庭，其次才是寄養家庭或機構教養，而且所有努力和最終目的是及早協助寄養兒童回歸原生家庭，過著正常生活。

當然，兒童福利人員的專業特性或專業化程度，是一種持續發展的過程。將來隨著工業化與都市化的發展，家庭功能受到內外環境的衝擊增多，可能導致更多的兒童及其家庭需要更多的協助，因而對於兒童福利服務的需求也將日趨迫切，所以兒童福利人員的專業化仍應繼續加強。

第二節
兒童福利機構專業人員的資格及訓練

　　從事兒童福利工作，必須具備專業資格，這是世界共同的趨勢。我國衛生福利部於民國 103 年 5 月修正公布「兒童及少年福利機構專業人員資格及訓練辦法」，將兒童福利機構的專業人員區分為七類：(1)托育人員；(2)早期療育教保人員、早期療育助理教保人員；(3)保育人員；(4)生活輔導人員、助理生活輔導人員；(5)社會工作人員；(6)心理輔導人員；(7)主管人員。這些專業人員，都必須具備一定的資格，但偏遠、離島、原住民族地區、收容依少年事件處理法交付安置輔導、疑似或感染人類免疫缺乏病毒兒童少年之機構，遴用專業人員有困難者，得專案報請直轄市、縣（市）主管機關審查，並經中央主管機關同意後酌予放寬人員資格（第 27 條）。

　　同時，我國也一向重視兒童福利專業人員的教育訓練。其中，正式的學校教育係由大專院校青少年兒童福利、社會福利、社會工作或相關科系，或高中、高職兒童保育及其相關領域主司其事。至於職前訓練（對新進用之專業人員實施之訓練）或在職訓練（對現任之專業人員實施之訓練），則依上開辦法所定核心課程由主管機關（衛生福利部）自行、委託設有相關科系之大專校院辦理或以補助方式辦理。托育、早期療育教保、保育、生活輔導、心理輔導、社會工作及主管人員資格之專業訓練課程，至少包括下列核心課程：(1)兒童及少年福利與權益保障政策、法規；(2)兒童及少年身心發展；(3)多元文化與親職教育；(4)專業工作倫理。修習不同類別人員資格之專業訓練，其課程名稱相同者，得抵免之。

　　兒童福利專業人員訓練的目的，是為了配合兒童及少年福利機構專業人員資格及訓練辦法，建立兒童福利的專業體制，並引導我國兒童福利朝向專業化領域發展，達成以培訓增進知能，藉專業提升素質的理想。有關兒童福利機構各類專業人員應具備的資格及專業訓練，臚列如下：

一　托育人員

　　托育人員，是指於托嬰中心、安置及教養機構提供教育及保育之人員，其應具備資格及訓練課程分別為：

　　1.托育人員應具備下列資格之一

⑴取得保母人員技術士證。
⑵高中以上幼保、家政、護理相關院、系、所、學程、科畢業。
⑶托育人員修畢托育專業人員訓練課程並領有結業證書者。
⑷於本辦法「兒童及少年福利機構專業人員資格及訓練辦法」民國103 年 1 月 17 日修正施行日起一年內，得遴用為托育人員。具教保人員、助理教保人員資格者，於本辦法 101 年 5 月 30 日修正施行日起十年內，得遴用為托育人員。

　　2.托育人員訓練課程

表 6-1　托育人員訓練課程　　　　　　　　（7 學分 126 小時）

課程名稱	學分	課程內容
兒童及少年福利與權益保障相關法規導論	1	兒童及少年福利服務的意涵、社區保母系統等相關政策、兒童人權與保護、兒童教育及照顧相關福利服務法規、福利措施與資源運用的介紹、兒童福利與權益保障的趨勢與未來展望。

嬰幼兒發展	1	嬰幼兒發展的分期與各期特徵,嬰幼兒身體、語言、情緒、遊戲、社會行為、認知、性與性別發展概念與影響因素,嬰幼兒「氣質」之介紹與相對應的照顧與保育,嬰幼兒發展評估與量表之使用、發展遲緩兒童認識及性別平等觀念。
親職教育與社會資源運用	1	父母的角色、教養態度與方法,家庭支持與親職的社會資源與運用。保母與嬰幼兒父母及與嬰幼兒溝通技巧、保母與嬰幼兒父母關係之建立與維持、書寫保育日誌的意義與技巧、合作備忘錄事宜、不同家庭型態的親職教育。
托育服務概論及專業倫理	1	托育服務起源與主要內容、工作的重點、原則。各類教保工作的意義與內容、保母工作之意義、內容。優良保母的特質、保母工作相關法規認識、保母工作倫理、倫理兩難情境探討。
嬰幼兒照護技術	1	嬰幼兒的生活照顧(餵食、清潔、沐浴等)之實習或模擬練習,保母術科考試講習。
嬰幼兒環境規劃及活動設計	1	嬰幼兒生活規劃:嬰幼兒生活規律與環境規劃(餵食、清潔、休息、遊戲等規劃)、托育環境安全與評估、家庭與社區資源的介紹與運用、家庭與托嬰中心環境對嬰幼兒身心影響。托育環境的規劃與布置:動線考慮、工作便利、安全性。嬰幼兒年/月齡各階段發展的遊戲與活動設計、適性玩具的選擇與應用。嬰幼兒環境規劃及活動設計應加入性別平等觀念。
嬰幼兒健康照護	1	嬰幼兒的營養與膳食設計、嬰幼兒的常見疾病、用藥常識、預防接種、照顧病童的技巧、事故傷害的預防、急救處理與操作實務。

二 早療教保人員與助理教保人員

　　早期療育教保人員、早期療育助理教保人員,是指於早期療育機構提供發展遲緩兒童教育及保育之人員,其應具備資格及訓練課程分別為:

1.早療教保人員應具備下列資格之一

(1)專科以上醫護、職治、物治、教育、特教、早療、幼教、幼保、社會、社福、社工、心理、輔導、兒少福利或家政相關院、系、所、學程、科畢業者。

(2)專科以上畢業，並取得下列結業證書之一者：學前特殊教育學程、相關院、系、所、學程、科之輔系或學分學程、早療教保人員專業訓練。

(3)高級以上學校畢業，擔任早療助理教保人員三年以上者。

(4)普考、相當普考以上之各類公務人員考試社會行政、社會工作職系及格或具社會行政、社會工作職系合格實授委任第三職等以上任用資格者。

(5)專科以上畢業，依身障福利專業人員遴用訓練及培訓辦法取得身障福利服務教保員資格者，於本辦法施行日起十年內，得遴用為早療教保人員。

2.早療助理教保人員應具備下列資格之一

(1)高中以上幼保、家政、護理相關院、系、所、學位學程、科之輔系或學分學程畢業者。

(2)高中以上畢業，並取得早療教保人員專業訓練結業證書者。

(3)高中以上畢業，依身障福利專業人員遴用訓練及培訓辦法取得身障福利教保員資格者，於本辦法施行日起十年內，得遴用為早療助理教保人員。

3.教保人員訓練課程

表6-2　早療教保人員訓練課程　　　　　　　　（20學分360小時）

課程名稱	學分	課程內容
兒童及少年福利與權益保障相關法規	2	兒童及少年福利服務意涵、政策、行政體制與專業制度，兒童人權與保護、兒童托育、早期療育通報、療育服務、指紋按捺機制、身心障礙福利服務措施與資源運用的介紹、兒童及少年福利與權益保障的趨勢與未來展望。
兒童發展	2	發展的意涵、有關兒童發展的重要理論、兒童發展的分期與各期特徵，兒童身體、認知、語言、情緒、性與性別、社會行為、人格（含道德）的發展與影響因素，兒童發展的評估。幼兒期、兒童期、青春期在人類發展過程中的特徵與意義、發展的重要理論、遺傳與環境、親子關係、認知發展、社會性發展、道德性發展。
親職教育	1	親職教育意義（歷史與展望）、父母角色與教養方法、兒童發展與親子互動，父母效能訓練、稱職父母系統訓練（STEP）、溝通分析親職教育，親師溝通技巧、非傳統家庭的親職教育（單親家庭、重組家庭等）、高危險群的辨識與親職教育（特殊兒童家庭、受虐兒童家庭）、親職教育方案及設計、親職教育之推廣與發展、父母參與、父母支援系統及父母資源。
家庭支持與社會資源	1	家庭的概念及相關議題、個案管理的概念及相關議題。家庭支援服務（資訊提供、福利補助、人力支援、專業諮詢、親職教育、家庭訪視、轉介服務等）的意義、內容、服務的方式，與家庭合作的溝通技巧、家庭支援服務的工作表格、計畫的擬定、實施、績效評量，實做與討論。家長會組織運作、相關權益申訴（法規、組織、流程和處理策略等）、服務流程的標準化、督導機制、考核、家務管理與指導。

早期療育及專業倫理	2	早期療育意義、內涵、發展與趨勢。國內早期療育法令、服務架構、流程、服務模式、融合教育、專業團隊合作、社區資源整合、轉銜服務、專業倫理與道德。專業團隊組成法源及依據、定義、團隊成員（語言治療師、職能治療師、物理治療師、心理師、社工、特教教師、幼教教師等），專業團隊功能、合作模式、促進專業團隊合作方法、團隊合作注意事項、專業建議融入教學和生活作息，專業的意涵、工作倫理、各類教保工作意義與內容、倫理兩難情境探討實做與討論。
社會工作	1	社會工作的意涵及起源發展、理論、倫理、直接服務（個案、團體、社區工作）與間接服務（行政、督導、及管理）。社會工作基本態度及養成專業的意涵、品德修養、工作態度、倫理兩難情境探討。弱勢族群的議題、人權的尊重、兒童及少年自立性發展的支援。
特殊教育	1	認識特殊兒童及少年、特殊教育法規、歷史、發展、服務型態。智能不足、行為異常與情緒障礙、溝通障礙、聽覺障礙、視覺障礙、肢體障礙與身體病弱兒童介紹；學前特殊兒童教育、資賦優異和特殊才能、早期療育概念、融合教育的概念。
發展遲緩嬰幼兒的身心特質及需求	1	嬰幼兒在各年齡層的發展序階與品質、發展遲緩的定義、成因、身心特徵、個體與生態的影響、對身心發展與學習所造成的限制、幼兒健康體適能（評估及活動設計）、發展遲緩嬰幼兒等特殊需求。
發展遲緩嬰幼兒的保健及照護	1	重症嬰幼兒生活照護處理（含拍痰、餵食、擺位等）、委託用藥處理、CPR及急救（哈母雷克急救法、人工呼吸等）、在專業團隊提供意見及協助下做重症嬰幼兒生活照護、癲癇處理。
發展遲緩嬰幼兒的行為管理	2	行為管理的發展與趨勢、理論、專業倫理問題，行為問題的定義、類別、功能，行為管理的意義、內涵、原理與原則、流程、策略、注意事項、績效評量，實做與討論。

個別化服務方案的擬定及實施	1	個別化服務的意義、內容、流程、原則、工作表格、服務計畫的擬定、實施、績效評量,實做與討論。
早期療育的課程及教學	2	課程的意義、理論、架構,早期療育課程的原理、模式,國內現有的早期療育課程、課程的特性、課程設計的原則,常用的教學法和教學策略、有效班級經營的策略、教保環境的設計與調整、課程和教學設計工作表格的設計、依個別化服務方案來擬定學習活動計畫、設計與執行學習活動、定期評量幼兒在每個/每單元/每學期的學習活動表現、根據評量紀錄去檢討影響教學績效的因素,實做與討論。輔具的意義與必要性、輔具服務與內涵、影響家庭決定輔具服務的因素,輔具服務的流程、輔具的類別、輔具的功能、使用原則、注意事項、績效評量,實做與討論。
發展遲緩嬰幼兒的評估	2	專有名詞的界定(篩檢、診斷、鑑定、評估或評量等)、發展遲緩嬰幼兒評估的目的、流程、內容,各種蒐集嬰幼兒身心特性與需求、生態環境資料的工具與方法、評析教育評估的原始資料、撰寫教育評估報告(個案能力與需求之分析)、說明教育評估的結果、提供服務建議,配合個別化服務方案進行總結性評量,評估的專業倫理準則,實做與討論。
機構實(見)習	1	實習或參觀機構見習及交流

三 保育人員與助理保育人員

　　保育人員、助理保育人員:指於安置及教養機構提供兒童生活照顧及輔導之人員。其應具備資格及訓練課程分別為:

　　1.保育人員應具備下列資格之一

　　(1)專科以上幼教、幼保、家政、護理、兒少福利、社工、心理、輔導、教育、犯罪防治、社福、性別相關院、系、所、學位學程、科畢業

者。

　　(2)專科以上畢業，並取得下列結業證書之一者：各類教師教育學程、相關學院、系、所、學位學程、科之輔系或學分學程、保育人員專業訓練。

　　(3)高中以上畢業，擔任助理保育人員三年以上者。

　　(4)普考、相當普考以上之各類公務人員考試社會行政、社會工作職系及格，或具社會行政、社會工作職系合格實授委任第三職等以上任用資格者。

　　2.保育助理人員應具備下列資格之一

　　(1)高中以上幼保、家政、護理相關院、系、所、學位學程、科畢業者。

　　(2)高中以上畢業，並取得下列結業證書之一者：前條第一款相關院、系、所、學位學程、科之輔系或學分學程、保育人員專業訓練。

　　(3)具有三年以上社會福利機構照顧工作經驗者。

　　(4)初等考試、相當初等考試以上之各類公務人員考試社會行政或社會工作職系及格者。

　　3.保育人員訓練課程

表 6-3　保育人員訓練課程　　　　　　　　　　　　（20 學分 360 小時）

課程名稱	學分	課程內容
兒童及少年福利服務	1	兒童及少年福利服務的意涵，國際兒童及少年人權發展現況與未來，兒童及少年福利政策、方案規劃，兒童及少年福利服務行政體制與專業制度，兒童及少年福利服務（支持性、保護性、替代性）內涵與輸送，兒童及少年福利服務的意涵。

兒童及少年相關法規	1	兒童及少年福利與權益保障法，兒童及少年性交易防制條例，少年事件處理法，性侵害犯罪防治法，家庭暴力防治法，家事事件法，社會救助法，特殊境遇家庭扶助條例，性騷擾防治法，民刑法相關規定，其他兒童及少年相關法規。
兒童及少年身心發展	2	影響人類身心發展的因素，兒少發展理論及其觀點，兒童及少年的生理與認知發展歷程，兒童及少年心理與社會發展歷程，古典及當代兒少身心發展的可能困境與挑戰。
多元文化與親職教育	2	文化概論，多元文化與家庭（家庭結構），多元文化與家庭（家庭功能），教養概論，家庭發展理論，生態系統理論，健康家庭與學習型家庭，多元家庭與教養。
社會工作概論	2	社會工作意涵及發展歷史，社會工作理論與倫理，直接服務方法與實務，間接服務方法與實務，家外安置與社會工作實務，當前兒少社會議題、處理與研討，專業協調合作。
助人技巧與專業倫理	2	成為有效的助人者，助人三階段模式之理論，助人技巧，助人中的倫理議題，探索階段的技巧，洞察階段的技巧，行動階段的技巧，技巧的大統整。
創傷復原與輔導	1	兒少家庭暴力被害人之心理創傷內涵與指標，兒少性侵害被害人之心理創傷內涵與指標，壓力後創傷症候群（PTSD）之內涵與指標，創傷症之心理治療方式，臺灣創傷治療整體資源與個案轉介，家庭支持。
生命教育	1	認識生命教育基本理念、核心議題及相關理論，生命教育的概要：包括知識&智慧、身心靈照顧、尊重、信任、信仰、被關愛與付出愛等，倫理道德判斷與抉擇、生命與科技倫理、性愛婚姻倫理等，人格統整與靈性發展，生命發展與終極關懷，生命教育課程設計與實施之教案演練與應用。
性別與性教育	2	性教育／性別教育概論，生物學上的男性、女性，性與孕，性心理發展、異常性行為、愛滋病與其他性病、同性戀，性別角色、性別平等教育，婚前約會、戀愛、性行為，婚姻與性生活調適，家庭、學

	2	校、社區性／性別教育，性騷擾、性侵害之辨識及防治。
環境規劃與安全及事故處理	2	兒童及少年發展與安全，常見兒少事故傷害原因及防治，居住環境規劃與安全檢核、改善策略，安全設備的使用知能與維護，戶外環境事故知能與防範措施，人身安全概念與防制，危機事件案例分析與處理策略，事故傷害與處理技巧，兒童遊戲場安全管理。
兒童少年行為輔導及問題處置	2	兒少行為問題的種類與特徵，兒少行為問題的成因與影響因素，應用行為分析與兒少行為問題之評估，兒少行為輔導與問題處置原則，行為改變技術之應用，各系統（家庭、學校、福利機構、醫療等）合作改善兒少行為問題，兒少行為觀察理論與方法，兒少行為觀察記錄與運用，兒少身心適應行為樣態與成因脈絡，兒少身心適應行為的輔導策略，兒少身心適應行為實務案例研討與處遇，其他兒少身心適應行為之相關議題討論，生活與情緒管理。
特殊教育	1	特殊教育的理念與趨勢，特殊需求及資優兒童之身心特質，特殊教育服務程序：通報、轉介、評估與療育服務，早期介入之重要性，專業團隊與個別化教育計畫（IEP）。
兒童創造性學習	1	創造力基本概念，創造力的 4P 觀點，創造力的系統理論，創造力與兒少發展，兒童與青少年心理特質與創造力的發展，兒少創造性人格特質與表現，刺激尋求、創造力與兒少發展，創造力的培育與阻礙，增進與阻礙兒少創造力發展的環境因素，創造思考方法的運用與心智習性的培養，教師創造力的開發，遊戲、藝術、故事與創造力，如何透過創造活動引發學生創造力，如何透過創造性活動調適情緒，兒童繪本讀物賞析，誰需要兒童文學素養？兒童文學簡史與現況，兒童文學要素或回應面向，閱讀兒童文學作品的原則與方法，認識與閱讀圖畫故事書 I，認識與閱讀圖畫故事書 II，圖畫故事書經典作品賞析，後設與後現代圖畫故事書，兒童文學

	1	中的兒童與生活中的兒童，和兒童共讀圖畫故事書的方式共讀圖畫書實例欣賞與討論 I，共讀圖畫書實例欣賞與討論 II。

四 生活輔導人員與助理生活輔導人員

生活輔導人員、助理生活輔導人員，指於安置及教養機構提供少年生活輔導之人員。其應具備資格及訓練課程分別為：

1. 生活輔導人員應具備下列資格之一

(1)專科以上家政、護理、兒少福利、社工、心理、輔導、教育、犯罪防治、社福、性別相關院、系、所、學位學程、科畢業者。

(2)專科以上畢業，並取得下列結業證書之一者：各類教師教育學程、前款相關院、系、所、學位學程、科之輔系或學分學程、生活輔導人員專業訓練。

(3)高中以上畢業，擔任助理生活輔導人員三年以上者。

(4)普考、相當普考以上之各類公務人員考試社會行政、社會工作職系及格，或具社會行政、社會工作職系合格實授委任第三職等以上任用資格者。

2. 助理生活輔導人員應具備下列資格之一

(1)高中以上家政、護理相關院、系、所、學位學程、科畢業者。

(2)高中以上畢業，並取得下列結業證書之一者：前條第一款相關院、系、所、學位學程、科之輔系或學分學程、生活輔導人員專業訓練。

(3)具有三年以上社會福利機構照顧工作經驗者。

3.生活輔導人員訓練課程

表 6-4　生活輔導人員訓練課程　　　　　　　（20 學分 360 小時）

課程名稱	學分	課程內容
兒童及少年福利服務	1	同保育人員之「兒童及少年福利服務」內容。
兒童及少年相關法規	1	同保育人員之「兒童及少年相關法規」內容。
兒童及少年身心發展	2	同保育人員之「兒童及少年身心發展」內容。
多元文化與親職教育	2	同保育人員之「多元文化與親職教育」內容。
社會工作概論	2	同保育人員之「社會工作概論」內容。
助人技巧與專業倫理	2	同保育人員之「助人技巧與專業倫理」內容。
創傷復原與輔導	1	同保育人員之「創傷復原與輔導」內容。
生命教育	1	同保育人員之「生命教育」內容。
性別與性教育	2	同保育人員之「性別與性教育」內容。
環境規劃與安全及事故處理	2	同保育人員之「環境規劃與安全及事故處理」內容。
兒童少年行為輔導及問題處置	2	同保育人員之「兒童少年行為輔導及問題處置」內容。
少年自立生活技巧之規劃及輔導	1	少年自立生活能力方案之發展與現況，少年自立生活能力培育的內涵，少年自立生活能力的評估，無法返家或家庭照顧功能不足之少年自立生活輔導服務規劃與實施，其他少年自立生活相關議題討論。
少年次文化	1	少年次文化之意涵與發展，少年次文化的理論基礎，少年次文化內容與特徵，少年次文化的形成評估，次文化對少年的影響，其他少年次文化相關議題討論。

五　心理輔導人員

　　心理輔導人員，指於安置及教養機構、心理輔導或家庭諮詢機構及其他兒童及少年福利機構，提供兒童、少年及其家庭諮詢輔導之人員。其應具備資格及訓練課程分別為：

1. 心理輔導人員應具備下列資格之一

(1)專科以上心理、輔導、諮商相關院、系、所、學程、科畢業或取得其輔系證書者。

(2)專科以上社工、兒少福利、社福、教育、性別相關院、系、所、學程、科畢業，並取得下列結業證書之一者：前款相關院、系、所、學程、科之輔系或學分學程，心理輔導人員專業訓練。

2. 心理輔導人員訓練課程

表 6-5　心理輔導人員訓練課程　　　　　　　　（20 學分 360 小時）

課程名稱	學分	課程內容
兒童及少年福利服務	1	同保育人員之「兒童及少年福利服務」內容。
兒童及少年相關法規	1	同保育人員之「兒童及少年相關法規」內容。
兒童及少年身心發展	2	同保育人員之「兒童及少年身心發展」內容。
多元文化與親職教育	2	同保育人員之「多元文化與親職教育」內容。
社會工作概論	2	同保育人員之「社會工作概論」內容。
助人技巧與專業倫理	2	同保育人員之「助人技巧與專業倫理」內容。
創傷復原與輔導	1	同保育人員之「創傷復原與輔導」內容。
生命教育	1	同保育人員之「生命教育」內容。
性別與性教育	2	同保育人員之「性別與性教育」內容。
環境規劃與安全及事故處理	2	同保育人員之「環境規劃與安全及事故處理」內容。
兒童少年行為輔導及問題處置	2	同保育人員之「兒童少年行為輔導及問題處置」內容。
少年自立生活技巧之規劃及輔導	1	少年自立生活能力方案之發展與現況，少年自立生活能力培育的內涵，少年自立生活能力的評估，無法返家或家庭照顧功能不足之少年自立生活輔導服務規劃與實施，其他少年自立生活相關議題討論。

少年次文化	1	少年次文化之意涵與發展，少年次文化的理論基礎，少年次文化內容與特徵，少年次文化的形成評估，次文化對少年的影響，其他少年次文化相關議題討論。

六　社會工作人員

社會工作人員，指於早期療育機構、安置及教養機構、心理輔導或家庭諮詢機構及其他兒童及少年福利機構，提供兒童及少年入出院、訪視調查、資源整合等社會工作之人員。其應具備資格及訓練課程分別為：

1.社會工作人員應具備下列資格之一

(1)社會工作師考試及格者。

(2)專科以上社工、兒少福利、社福相關院、系、所、學程、科畢業或取得學分學程結業證書者。

(3)高考、相當高考之各類公務人員考試社會行政或社會工作職系及格者。

(4)專科以上畢業，於本辦法施行前，已修畢兒福專業人員訓練實施方案丁類訓練課程，並領有結業證書者，於本辦法施行日起十年內，得遴用為社會工作人員。

2.社會工作人員訓練課程

表 6-6　社會工作人員訓練課程　　　　　　　　（20 學分 360 小時）

課程名稱	學分	課程內容
兒童及少年福利服務	1	同保育人員之「兒童及少年福利服務」內容。
兒童及少年相關法規	1	同保育人員之「兒童及少年相關法規」內容。
兒童及少年身心發展	2	同保育人員之「兒童及少年身心發展」內容。

課程名稱	學分	課程內容
多元文化與親職教育	2	同保育人員之「多元文化與親職教育」內容。
社會工作概論	2	同保育人員之「社會工作概論」內容。
助人技巧與專業倫理	2	同保育人員之「助人技巧與專業倫理」內容。
創傷復原與輔導	1	同保育人員之「創傷復原與輔導」內容。
個案工作	1	社會個案工作的意義與特性，社會個案工作的哲理，社會個案工作的理論，社會個案工作的專業關係與原則，社會個案工作的過程與會談技術，家系圖與生態圖繪製，社會個案工作記錄，個別化服務計畫。
團體輔導（或團體工作）	1	社會團體工作的意義與特性，社會團體工作的模式與類型，團體領導、動力與文化差異，團體計畫階段工作，團體形成、執行與結束階段，團體評估，團體記錄。
社區工作	1	社區工作的意義與特性，社區工作的模式，社區工作的程序與方法，社區資源開發與運用，社區志願工作的推展，社區評估與服務成效。
諮商理論及技巧	2	同心理輔導人員之「諮商理論及技巧」內容。
家庭社會工作	1	台灣家庭變遷的特色，家庭系統和生態系統的探索，介入系統的簡介：家族治療及個案管理的技術特色。
方案規劃及評估	2	方案評估的類型，資料收集與測量工具，方案評估的倫理議題，服務成效與滿意度，評估結果的應用，實例分析與小組討論，社會工作研究方法，機構中的研究發展工作的類型，以證據為基礎（evidence-based）的社工實務，質性的資料收集方法，量化的資料收集方法與相關統計方法，研究倫理，研究結果應用於服務改善或是政策倡導、機構的知識管理等，實例討論。
兒童少年家外安置發展與現況	1	家外安置的意義、範疇與重要性，家外安置的安置照顧理念與內涵，家外安置的類型與服務，家外安置工作人員的角色與職務，家外安置兒童少年的屬性與特質，家外安置服務的資源配置、連結與轉介，與家外安置工作人員、相關網絡人員協同合作，家外安置服務的發展現況與趨勢。

七　主管人員

　　主管人員，指於機構綜理業務之人員，包括：托嬰中心、早期療育機構、安置及教養機構、心理輔導或家庭諮詢機構、其他兒童及少年福利機構的主管人員。

　　其應具備資格，通常具備相關專業科系畢業，取得碩士學位者需有二年相關工作經驗，大學畢業者需有三年相關工作經驗並取得主管人員訓練結業證書，專科畢業者需有四年相關工作經驗並取得主管人員訓練結業證書，高中畢業者需有五年相關工作經驗並取得主管人員訓練結業證書。訓練課程為：

表 6-7　主管人員訓練課程　　　　　　　　　　　　（15 學分 270 小時）

課程名稱	學分	課程內容
兒童及少年福利政策及法規	1	整體兒童及少年福利之發展趨勢、政策、精神與立法要旨；檢視現行的兒童及少年福利政策意涵、現況以及相關法規（如：政府採購法、土地、都市計畫等），主管人員有必要理解的相關政策與法規的內涵與應用。
兒童及少年身心發展	1	同保育人員之「兒童及少年身心發展」內容。
親職教育方案及家庭支援的規劃及管理	1	家庭的概念及相關議題、個案管理的概念及相關議題。家庭支援服務（資訊提供、福利補助、人力支援、專業諮詢、親職教育、家庭訪視、轉介服務等）的意義、內容、服務的方式，與家庭合作的溝通技巧、家庭支援服務的工作表格、計畫的擬定、實施、督導機制、績效評量，實做與討論。家長會組織運作、兒童及少年相關權益申訴及案例討論。親職教育方案設計的基本概念、類型與分析、方案的推廣、可能問題及因應、不同家庭型態（如單親家庭、重組家庭、收養家庭、隔代教養家庭或跨國婚姻家庭等）與親職教育方案的設計及推廣。

督導及專業倫理	1	督導的功能、原則、方法與技術與專業倫理
安全管理	1	安全教育的規劃與實施（安全教育的意義內涵實施原則、行政組織、規劃要點、具體措施）環境規劃與安全、機構外的活動安全（戶外活動、車輛管理）、機構內的安全管理（危險物品的管理、設施設備的管理、門禁管理、接送制度、保險制度、天然災害的防治機制）、事故傷害的處理。無障礙環境的規劃、運用和維護的原理、方法與注意事項。
健康照護	1	醫療轉介機制（定期健康檢查、傳染/非傳染疾病防禦及處理、藥品管理）、衛生教育（員工及個案自我保護）、環境衛生（廢棄物處理、環境維護、儲藏空間管理）、膳食管理（工作人員的健康檢查和專業證照、膳食的規劃與實施、餐具及廚具清潔、進食方式、依個案需求提供服務）。個人、特殊群體、組織和社區的健康行為特質及其影響因素；流行病、當前的公共衛生問題、公共衛生政策、環境保護新知有害物質的防護措施。
人力資源管理	1	機構人事管理、策略規劃角色、人事規劃、召募、工作分析、領導與溝通、績效評估、勞資關係、機構人員生涯規劃、安全與健康。
行政／組織管理	1	行政決策、規劃、組織設計、組織的理論、組織行為、激勵、領導、溝通、控制、組織衝突。危機的形成、危機的因應策略與方法、性別與權力。
財務管理	1	機構財務管理的重要性、基本原理、實施方式，預算、會計、財物調整、捐募等等實務問題探討等。
公共關係及危機處理	2	公共關係的重要性、基本理念、規劃原則、計劃執行與技巧、評估、社區關係與資源應用、關係的維持與擴展；公共關係與機構經營的關係；機構危機處理（相關情報蒐集與研判、領導人的決策、決策者的互動、與機構的執行；衝突理論、談判與溝通理論、決策分析理論、嚇阻與博奕理論）。社區資源的介紹與運用；網路資源的介紹與運用；機構在社區的角色與任務、機構與社區發展的關係。

行銷及經營	1	競爭者分析、市場分析、環境分析、機構內部分析、成長策略、多角化策略、營利企業與非營利事業的行銷概念、行銷的各領域及應用：消費者行為、行銷研究、區隔、定位、產品開發、決策理論等。
方案規劃及評估	1	方案之設計原則、目的、實施等的考量以及效益評估之探討。
兒童及少年問題及處置	1	瞭解安置機構兒童及少年常見之問題及處置策略，包括偏差／保護管束、受虐及受疏忽、受性侵害、身心障礙、家庭變故等兒童少年問題之特徵及處置，及安置機構兒童及少年發生偷竊、鬥毆、霸凌、性越界、性侵害、逃院……等事件之通報與處遇。
特殊兒童教保服務	1	特殊教育的鑑定安置與輔導、個案管理及個別化教育計畫（IEP）、特殊兒童的轉銜計畫、學前融合教育與早期療育、特殊兒童與親職教育。

第三節
兒童福利專業人員的考選及任用

「兒童福利專業人員資格要點」第 10 點規定：公立機構兒童福利專業人員，除符合公務人員相關法規外，並應就本要點所定資格者，遴任之。

據此可知，私立機構的兒童福利人員可就符合專業人員資格者加以遴選任用，至於公立機構的兒童福利專業人員，則必須依照公務人員相關法規考選任用。

一 🦋 兒童福利人員的考選

　　政府所舉辦有關兒童福利人員的任用考試，主要有普通考試和高等考試。參加普通考試的資格是高中、高職以上相當類科畢業得有證書者，或經初等考試、特種考試、普考檢定相當類科及格者。至於高等考試則分為三級，參加高考三級考試的資格是大專以上學校相關系所畢業得有證書者，或經普考、特考、高考檢定相當類科考試及格者。另外，高考二級、三級係獲得博、碩士學位者報考。其考試科目如表6-8。

表6-8　兒童保育與社會行政高普特考科目

一、兒童保育人員社福特考（四等）	
1.兒童發展與輔導	2.親職教育概要
3.兒童少年福利概要	4.國文（作文、公文、測驗）
5.法學知識與英文（憲法、法緒、英文）	
二、社會行政人員普通考試	
1.行政法概要	2.社會工作概要
3.社會研究法概要	4.社會政策與社會立法概要
5.國文（作文、公文、測驗）	6.法學知識與英文（憲法、法學緒論、英文）
三、社會行政人員高等考試	
1.行政法	2.社會福利服務
3.社會學	4.社會政策與社會立法
5.社會研究法	6.社會工作
7.國文（作文、公文、測驗）	8.法學知識與英文（憲法、法學緒論、英文）

　　以上類科考試及格，即可分發兒童福利機構或相關機構實習，期滿後正式任用。

二 🏃 兒童福利人員的任用

　　政府機關所設立的兒童福利機構，其所任用的人員必須具備公務人員資格，也就是必須經過國家公務人員考試及格始得任用。至於民間團體或私人設立的兒童福利機構，為延攬優秀的兒童福利專業人員，也都公開甄試，擇優任用。

　　公私立兒童福利機構對於專業人員的任用，除注意品性、學識、才能、經驗、體格，應與擬任職務之種類性質能相配合外，如果是主管職，還會考慮其領導能力。通常，各機構會設一個甄選小組，就具有任用資格的應徵人員公開遴選。

　　公私立機構在任用兒童福利工作人員時，均希望所任用的人員能具備下列基本條件：

1.健康的身心發展

　　兒童福利的目的在維護兒童身心健康，促進兒童正常發育，保障兒童福利，當然工作人員本身必須先有健康的身心，才容易獲得服務對象的信任。況且兒童福利工作常需協助兒童及其家庭處理一些問題，沒有健康的身體和通情達理的情緒，可能難以勝任愉快。

2.豐富的學識經驗

　　兒童福利工作是一種專業，辦理專業工作必須具備足夠的專業知識。而且兒童福利工作過程所涉及的層面相當廣泛、複雜，如果能有豐富的人生閱歷及工作經驗，則待人左右逢源，處事駕輕就熟，許多問題都可迎刃而解。

3.熱誠的服務精神

兒童福利服務的對象，往往是處於不利境遇的兒童及家庭，所以兒童福利人員的工作環境可能是比較偏遠、貧窮、髒亂的地方；工作人員可能付出多，回饋少。如果沒有專業奉獻（commitment）的服務精神，很難克服各種障礙，達成預期的成效。

4.適度的同情心

兒童正在成長階段，有些行為表現可能不盡符合成人的期望，況且需要我們協助的兒童，可能在心理有困擾或行為有問題。所以兒童福利人員必須具有關懷、包容、信任的同情心，才能接納各類兒童，進而提供必要的服務。當然，這種同情心並非毫無節制，而是適度的介入。

5.高尚的道德情操

現代的兒童福利工作，強調團隊合作，經常需要與機構內外相關人員互助合作，以提高服務效能。因此，兒童福利人員必須自我惕勵，在工作態度上，不敷衍、不刁難，更不盛氣凌人；在待人接物上，不徇私、不偏袒，也不感情用事，而且遵守工作倫理。

6.彈性的應變能力

時序進入 21 世紀，社會變遷必然加快，兒童及其家庭所面臨的挑戰必然增多，需要我們協助處理的問題必然更加複雜、多元，甚至沒有前例可循。所以兒童福利人員必須終身學習，具備創造及應變的能力，始能化阻力為助力，變無用為有用，適時結合社會資源，增進兒童福利。

至於任用之後，公立機構兒童福利人員的俸給、考績、保險、退休、撫卹等人事規範，與一般公務人員相同；私立機構兒童福利人員的

薪資和保險等也有一定的保障。目前的問題是兒童福利人員的工作繁
重，待遇偏低，導致流動率居高不下，機構常須補充新人，其經驗難以
累積、傳承，實非兒童之福。試想獻身兒童福利工作者，本身都有虞匱
乏，豈能安心服務，久任其職？因此，提高工作待遇，健全升遷制度，
應該有助於兒童福利專業功能的發揮。

第
7
章

支持性的兒童福利服務

　　支持性兒童福利服務，就是一種支持性方案，目的在支持或增強家庭滿足兒童各種需要的能力，使原生家庭成為兒童最佳的成長場所。 對於兒童提供支持性服務，主要措施包括：兒童與家庭諮詢輔導服務、發展遲緩兒童療育服務、未婚媽媽及其子女服務等。

第一節
兒童與家庭諮詢輔導服務

　　兒童福利的目的，在幫助家庭順利完成養育子女的功能。奈何現代的家庭受到社會急遽變遷的衝擊，不但在結構上發生量變和質變，導致核心家庭、雙薪家庭、單親家庭增多，而且在功能上對於子女教養及家人關係也形成許多困擾問題，有待專業人員提供諮詢輔導服務。

　　在美國，普遍設有社區心理衛生中心（community mental health center），提供包括兒童在內的諮詢及諮商服務；在日本，依據「兒童福祉法」的規定，而在縣級單位及特定之市級單位中設有兒童相談所（child guidance center），為面臨兒童問題之家庭提供諮詢服務（Takeshi Kobayashi, 2000）。在臺灣，依據「兒童及少年福利與權益保障法」的規定，直轄市政府、縣市政府應鼓勵、輔導、委託民間或自行對兒童與家庭提供諮詢輔導服務（第 23 條）。目前，臺灣地區各縣市大多設置綜合性的兒童福利服務中心，以專業人員為兒童與家庭提供多元化的服務。

一　兒童與家庭諮詢輔導服務的意義及目的

　　兒童與家庭諮詢輔導服務，是針對兒童本身及其所處的家庭環境兩方面，提供適當的諮詢與輔導，雙管齊下，支持或增強家庭的功能，以

解決兒童教養的相關問題，促進兒童的福利。

本來，對於兒童與家庭提供諮詢輔導的福利服務機構，可分為兩類：一種是家庭服務機構，主要在解決個人及家庭的問題，舉凡父母管教子女的問題、家中手足關係緊張、夫妻關係失調、失業、住屋、工作壓力，使得父母扮演親職角色發生困難等，都可以藉由家庭諮詢及諮商服務獲得改善。另一種是兒童輔導中心，主要在於解決兒童適應及行為問題，舉凡兒童發展的問題、人格、反社會行為、精神病變、心身症、社會或同儕關係不佳、學習表現挫敗、學習困難、情緒困擾等，都可藉由對兒童本身進行輔導諮商來改善兒童的適應問題（郭靜晃，2000）。

然而，現在依據「兒童及少年福利與權益保障法」之規定，兒童輔導與家庭服務合而為一，縣市政府應自行創辦或鼓勵民間對兒童與家庭提供的是諮詢輔導服務。深究其意，無論兒童或家庭，都可以主動就其問題向中心提出諮詢，並接受中心給予的輔導，而不是家庭提出諮詢，兒童接受輔導。

換言之，兒童心理及其家庭諮詢中心或其類似機構（如臺灣現有的兒童福利中心）是同時對「兒童與家庭」兩者提供「諮詢與輔導」雙重服務，其目的在協助兒童及其父母，以及與兒童有關之機關團體，解決兒童各項問題，並提供有益兒童身心正常發展的資料和知識，使兒童獲得良好的成長，從而促進兒童福利之實現。

二 兒童與家庭諮詢輔導服務的對象

基本上，諮詢輔導服務是兒童的共同需求，為人父母者對於兒童的教育、養育、保護、保健等一般問題，都相當關心，也都有獲得更多資訊和經驗的需求。所以，所有兒童與家庭應該都是諮詢輔導服務的對象，至少也是潛在的對象。

　　但是這樣的論點可能太過廣泛，仍然無法區隔目標對象在哪裡？依據內政部（1994）「邁向 21 世紀社會福利規劃與整合——兒童福利需求初步評估報告」加以分析，其中對於諮詢輔導特別有需求的兒童與家庭，包括：

1.原住民的兒童與家庭

　　原鄉原住民的父母需要親職教育的諮詢輔導，內容包括親子互動、教育子女、衛生保健等問題。都市原住民兒童與家庭則需要社會適應方面的諮詢輔導。

2.遭遇意外事故的兒童與家庭

　　對於受到傷害的兒童，需要專業人員協助兒童消弭懼怕、緊張、焦慮不安的情緒，尤其要平復意外事故發生時的驚嚇不安，使兒童以平靜的心情療傷止痛。對於家長則給予心理上的支持，同時提供諮詢服務及資源轉介。

3.單親家庭及其兒童

　　著重成為單親家庭初期的衝擊，對家庭及兒童分別訂定不同的輔導項目。單親家長需要法律、就業及親職的諮詢輔導；單親兒童則需要課業輔導和心理上的支持。

4.寄養家庭與寄養兒童

　　由專業人員對寄養父母提供專業輔導，協助寄養父母瞭解兒童身心的發展、角色認同及人際關係的建立等。對寄養兒童則應協助其紓解心理上的焦慮，輔導其適應新生活，並關心其行為和健康的問題。

5.有心理或行為問題的兒童與家庭

對於偷竊、逃學、暴力、過動等類行為問題的兒童，以及自閉、退縮、學校恐懼症等類有心理問題的兒童，需要安排或轉介有關機構加以輔導，其父母則需要親職教育諮詢服務，並教導其如何配合有關兒童的輔導措施。

當然，不是弱勢兒童與家庭才有諮詢輔導的需求，資賦優異兒童的人格發展亦需要專業輔導，以促進其健全成長，而其父母也需要親職教育的諮詢服務，使資優兒童能獲得最佳的培植。

三 兒童與家庭諮詢輔導服務的內容

為因應兒童需求及福利服務的地區性及多元化，臺灣地區各縣市大多設置了綜合性的兒童福利服務中心，負責規劃並推動兒童與家庭有關的各項諮詢輔導服務。

當兒童在家庭或學校生活中感到困擾，或者父母在管教子女上遇到困難，都可以透過電話、面談或適當方式向兒童福利中心諮詢，並接受輔導服務。歸納這些兒童福利服務中心的服務內容，其共同項目包括：

1. 兒童托育諮詢

如托嬰中心的選擇、托育收費標準、托嬰中心收托時間、托育津貼或幼兒教育券、社區保母等問題的諮詢服務。

2. 親職教育諮詢

如幼兒養育、育兒資訊、子女管教、親子溝通、兒童性教育等問題

的諮詢服務,以及兒童心理問題、行為偏差問題、意外事故的處理,並辦理親職教育講座、父母成長工作坊、親職角色探索成長團體、施虐者強制性親職教育方案等活動。

3.寄養、收養的諮詢及轉介

如寄養家庭的資格、兒童寄養的規定、收養的資訊、收養的手續等問題之諮詢,以及寄養、收養的轉介服務。

4.兒童相關業務諮詢

如預防注射、兒童健康檢查、兒童健康保險、醫療補助、兒童福利法規等問題的諮詢服務。

5.兒童休閒娛樂諮詢

如兒童玩具、兒童遊戲場所的選擇、兒童圖書的選購、兒童看書興趣的培養、兒童電視節目、兒童電腦遊戲、網咖等問題的諮詢服務。

因為兒童福利中心是一種綜合性的福利機構,所以除了上述共同項目外,也會配合當地兒童的需要提供相關服務,譬如附設托嬰中心、兒童課後照顧中心(安親班)、早期療育通報及轉介中心、學前兒童遊戲室、電腦室、天文氣象室、桌球室、科學教室、創作室,或者辦理兒童才藝課程、兒童生活體驗營、兒童安全環境推廣、遊戲治療、心理測驗等相關活動。

如果將上述兒童福利服務中心所提供的服務內容,對照兒童與家庭對於諮詢輔導的需求,則顯示其間仍有落差。其中,有待加強的是:

(1)目前的兒童福利服務中心偏重諮詢服務,相對缺少輔導服務,允宜兼容並蓄,除了諮詢服務外,尚應給予必要的輔導,以增進兒童與家

庭自我處理的能力。

(2)目前的兒童福利中心著重為一般兒童與家庭提供諮詢或直接服務，較少注意弱勢家庭及其兒童的諮詢輔導，應優先將原住民、遭受意外事故、單親及低收入等弱勢家庭及其兒童列為諮詢輔導服務的對象。

(3)兒童福利服務中心的服務內容宜單純化、專業化，至於目前附設的托育機構或辦理兒童才藝活動等事項，最好是劃歸其他兒童福利機構辦理。

(4)諮商通常屬於心理工作的專業領域，兒童福利中心屬於社會福利的一環，實務上難以兼辦諮商工作，所以有關諮商工作，應結合專業的諮商人員共同服務，或採取轉介服務。

(5)以兒童福利中心為據點，配置適當的專業人力，結合政府與民間有關兒童福利的機構、團體、基金會，共同建構兒童福利服務網絡，以提高兒童與家庭諮詢輔導服務在量和質的水準，

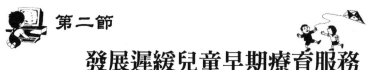

第二節
發展遲緩兒童早期療育服務

臺灣有一個小說家曾說：「我們出生時是哭著來的，四周的人都笑了；我們死亡時可以含笑九泉，四周的人卻哭了。」

本來，迎接新生兒的誕生，是令人欣喜的事，但是新生兒在出生時或成長過程，如果動作、語言的發展不對勁，必然造成家人焦慮、恐懼、羞愧、無助、不知所措。因而必須有專業人員的協助，以便「早期發現，早期治療，早期教育」，使孩子在成長路上的障礙降到最低，減少日後家庭與社會相關服務的成本。美國兒童防護基金會（Children's Defense Fund, 1986）的報告指出：用作早期療育上的每 1 美元，即可免去將

來 3 美元的特殊教育花費。

　　最近幾年，社會福利與教育領域相當重視發展遲緩兒童的問題，在「兒童及少年福利與權益保障法」（第 31 條）與「特殊教育法」（第 7 條）都規定各級政府應規劃辦理發展遲緩兒童的早期療育服務工作。目前，衛生福利部已成立「發展遲緩兒童早期療育服務推動小組」，訂頒「發展遲緩兒童早期療育服務實施方案」，各個縣市也相繼成立「早期療育通報及個案管理中心」或「早期療育綜合服務中心」，積極推動發展遲緩兒童早期療育服務。

一　發展遲緩兒童早期療育服務的意義及目的

　　發展遲緩是身心障礙的一種類型，但是每一兒童的發展情況不盡相同，所以某一兒童是否屬於發展遲緩，必須經過醫療機構檢查及鑑定，或由醫療、特教、心理、社政等專業人員所組成的團隊，依據評鑑量表及團隊評鑑標準辦理評鑑，以確定早期療育服務之進行。

　　其中，對於「發展遲緩兒童」（children with developmental delay）一詞，依我國「兒童及少年福利與權益保障法施行細則」第 9 條的解釋，係指在認知發展、生理發展、語言及溝通發展、心理社會發展或生活自理技能等方面，有疑似異常或可預期有發展異常情形，並經衛生主管機關認可之醫院評估確認，發給證明之兒童。教育部（1999）所公布的「身心障礙及資賦優異學生鑑定原則鑑定基準」亦有類似解釋：發展遲緩指未滿 6 歲之嬰幼兒因生理、心理或社會環境因素，在知覺、認知、動作、語言及溝通、社會情緒、心理或自理能力等方面之發展較同年齡嬰幼兒顯著遲緩。

　　但是就醫學上的診斷而言，一般認為與同年齡孩子的能力相比較，最差的 20% 是發展遲緩兒童。如果用發展商數（DQ）來量化兒童發展遲

緩的程度，則在感覺、知覺、動作、情緒、認知及語言之中任何一個領域的發展商數小於 70 即為該領域發展遲緩（鄒國蘇，2000）。

至於「早期療育服務」（early treatment and education），簡稱早期介入（early treatment services）。據「兒童及少年福利與權益保障法施行細則」第 8 條的解釋，早期療育，指由社會福利、衛生、教育等專業人員以團隊合作方式，依未滿 6 歲之發展遲緩兒童及其家庭之個別需求，提供必要之治療、教育、諮詢、轉介、安置與其他服務及照顧。

職是以觀，發展遲緩兒童早期療育服務是針對 0 到 6 歲兒童，在動作、語言、認知、社會情緒或生活自理等方面具有特殊需求的的情況，提供各項專業整合性的服務，目的是希望透過及早發現並及時給予適當的醫療、教育或福利服務，避免影響兒童日後的發展，並可減少將來社會照顧的成本

二 早期療育服務的對象

很明顯，需要早期療育服務的對象，是經過醫療單位評估鑑定後確定為發展遲緩的兒童。

依據前述發展遲緩兒童的解釋，此類兒童包括動作、語言、認知、社會情緒或生活自理等方面有明顯遲緩或可能遲緩的 6 歲以下兒童。高雄市政府社會局兒童福利服務中心曾臚列 3 個月以上至 6 歲兒童在動作、語言及社會行為的發展特徵作為評估發展遲緩兒童的參考，茲摘要如表 7-1。

至於早期療育服務對象的發現，大致有四個來源：(1)在醫院、診所、衛生所的產前檢查、新生兒篩檢、健兒門診，由婦產科醫師、遺傳門診醫師、小兒科醫師或其他科別醫師發現；(2)公共衛生護士在新生兒訪視過程中初步篩選及發現；(3)兒童福利機構專業人員在照顧兒童的過

表 7-1　兒童發展的特徵

年齡	粗動作	細動作	語言	社會行為
3 個月	俯臥抬頭 90 度	雙手能放一起	會發出阿嗚聲	會微笑
6 個月	從臥位拉起平坐，頭不下垂	手能伸向想要的物品	會將頭轉向聲音的來源	會設法拿取遠處的玩具
9 個月	可扶物站立	雙手同時握物	發ㄇㄚㄅㄚ聲	會自己吃餅乾
1 歲	可單獨站 2 秒	會拍手	講無意義兒語	會揮手(再見)
1 歲半	走得很好	會疊二塊積木	有意義叫爸媽	會脫衣服
2 歲	會上樓梯	會翻圖畫書	會使用字串	會洗手
3 歲	丟球高過於頭	模仿畫直線	使用三個名詞	會自己穿 T 恤
4 歲	左右平衡 2 秒	模仿畫圓形	會數 1 到 10	自倒飲料盛飯
5 歲	能雙腳跳	能畫人一部分	懂兩個相反詞	
6 歲	單腳平衡 6 秒	將鞋帶穿好		

資料來源：http://www.kcg.gov.tw/-cwsc/slow/slow2.htm

程中對於有所懷疑的個案，轉介給醫療機構進一步評估鑑定；(4)嬰幼兒的家長或保母從接觸及觀察中發現可疑情況，在就診時告知醫護人員（萬育維，1996）。

三　早期療育服務的內容

發展遲緩兒童的早期療育工作，必須結合醫療、教育、福利等不同專業，以及發展遲緩兒童的家人，共謀服務策略。其中，社會福利專業人員的工作，大致上可依早期療育的流程提供下列服務：

1. 通報服務

依「兒童及少年福利與權益保障法」第 32 條規定：各類兒童及少年福利、教育及醫療機構，發現有疑似發展遲緩兒童或身心障礙兒童及

少年，應通報直轄市、縣（市）主管機關。所以，兒童福利工作人員有自行通報及受理通報個案的責任，並登錄個案資料，安排或轉介有關機關進行個案評估鑑定。

2.家庭訪談及初步評估

在通報之後，而鑑定機關尚未明確判定兒童為發展遲緩之前，社會工作者或兒童福利工作人員應進行家庭訪問，告知疑似發展遲緩兒童的鑑定作業，並進行家庭評估，必要時對其家人因為發展遲緩幼兒所引發的情緒壓力加以紓解或協助。

3.家庭支持服務

經有關機關確定為發展遲緩兒童之後，隨即依據評定狀況，配合家庭需求，擬定「個別家庭支持計畫」（individualized family support plan, IFSP），納入家庭資源，鼓勵家人參與療育服務。這種以整個家庭需求為規劃重心的服務模式，在 1970 年代逐漸取代先前的個別化教育計畫（individualized educational program, IEP），成為個案管理者經常運用的方案，用以連結相關的服務資源，協助面臨多重問題的兒童及其家庭增進適應能力。

4.進行資源結合及轉介服務

個別家庭服務計畫的特色，除了充分利用家庭資源，加強家長自助組織的力量之外，還必須開發、整合、運用各類社區資源。尤其，站在個案管理者的立場，必須扮演協調者（coordinator）、倡導者（advocator）、諮詢者（consultant）等角色，以促使醫療、特教與福利等服務資源的協調與整合，並依兒童的功能性需求，發展個別化成長策略，或轉介至適當機構接受治療、教育或安置等服務。

5.相關諮詢服務

在社會福利領域本身，兒童福利工作人員的職責，是為兒童進行個案服務，並為案主的家庭成員提供醫療、特殊教育、福利服務等諮詢服務，進而建立家庭支持服務的體系。無論如何，家人是案主的主要照顧者（key caregiver），工作人員必須適時給予情緒支持與專業協助，讓家人有能力（empowerment）幫助自己的孩子有較佳情況的發展。

6.定期評估及結案

經過必要的醫療復健、特殊教育及福利服務之後，定期評估成效，以決定結案或再安置。結案後，兒童回歸家庭，並予追蹤輔導；再安置，視其需要安置於兒童發展中心、兒童教養院等類機構，繼續接受服務。

綜合發展遲緩兒童早期療育服務的流程，由通報→轉介鑑定→家訪初步評估→擬定家庭支持服務計畫（IFSP）→進行資源結合及轉介服務→提供專業諮詢服務→定期評估→結案，特別強調以兒童為核心，以家庭為第一線資源，以社區（衛生、福利、教育）為第二線支持網（羅秀華，1997）。

然而，目前臺灣地區的早療服務正面臨專業人力質與量不足、評鑑工具有待標準化、安置機構不足、缺乏參與早期療育的誘因等困境（萬育維，1996），有待各級政府與民間機構、團體共同謀求解決之道。其中，兒童福利方面的重點工作是：

(1)加強早期療育專業知能的訓練，使主管人員支持早療政策，基層人員具備早療經驗，社會福利領域學生熟識早療專業。

(2)倡導早期療育的理念，讓社會大眾瞭解早療功能，接納發展遲緩

兒童的權益，支持並參與早療服務。

(3)擴大辦理發展遲緩兒童融合式托育服務，使發展遲緩兒童及早有機會與一般兒童相處互動，使其身心發展正常化和社區化。

(4)有效推動「發展遲緩兒童早期療育服務實施方案」有關辦理 6 歲以上發展遲緩兒童輔導事宜，使發展遲緩兒童得到持續服務。

第三節
未婚媽媽及其子女服務

在日漸開放的社會裡，未經法定程序結婚而生育子女，已經不像往昔會受到嚴厲的批判，甚至先懷孕生子，再補辦結婚手續者，也時有所聞。但是有些女性未婚生子並非出於自願，而且未婚生子也不全然都有良好的結局，其所造成的傷害包括未婚媽媽及其子女。

有關未婚媽媽及其子女的統計，一直是個「黑數」，但是從臺灣地區人口統計中未婚生育有逐漸增加的趨勢（林萬億，1995；藍采風，1995），以及臺灣單親家庭中屬於未婚生子類型所占比例逐年上升的情況（王麗容，1994；彭懷真，1999），顯示未婚媽媽及其子女的問題值得關注，而且需要家庭及相關的團體給予支持協助。我國兒童及少年福利與權益保障法第 23 條對於未婚懷孕或分娩而遭遇困境之婦嬰，予以適當之安置及協助。以及對於無力撫育未滿 12 歲之子女者，提供生活扶助或醫療補助。

一 未婚媽媽及其子女服務的意義及目的

未婚媽媽（unmarried mother），是指未建立法定婚姻關係而生育子女的女性。由於未完成法定程序，婚姻缺乏法律保障，加以未婚又生

子，難免也要承擔來自社會、經濟、文化及自我等多方面的壓力。所以為了支持未婚媽媽將其所懷孕的胎兒順利生下來，並協助孩子得到最佳的照顧，各國政府與民間都有相關的服務措施。其中，未婚媽媽之家（homes for pregnant women）就是專為未婚媽媽及其子女服務（service for unmarried mother and her child）的機構。

　　不論是基於人道考量，或是為了兒童權益，我們不能只責怪未婚媽媽，而是應該盡力幫助她們，這樣的看法似乎不再有太大的爭議。目前的課題是如何未雨綢繆，有效減少未婚媽媽懷孕生子。美國民主黨政府強調要解決這個問題的最佳藥方是：(1)認明私生子的父親，要他負起養育的責任；(2)未滿 20 歲的未婚媽媽若要領取救助金，就必須留在學校，不得中途輟學；(3)允許各州政府斷絕那些正在領福利金的未成年媽媽的福利，如果她在這段期間又繼續生育的話。但是共和黨政府則認為金錢上的資助，是間接鼓勵貧窮的未婚少年生育子女，主張停止未婚媽媽任何現款救助，將省下來的錢用來支援未婚媽媽之家及收養服務（藍采風，1995）。

　　據此可知，對未婚媽媽及其子女的服務有兩方面的目的：消極面在提供良好的照顧服務，積極面則在防患未然，減少未婚媽媽的形成。

二　未婚媽媽及其子女服務的對象

　　形成未婚媽媽的原因很多，包括：個人因素（如生理上的衝動、心理上的缺陷）、文化因素（如援助交際、養小三的次文化）、環境因素（如情色傳媒的誘惑、性教育的缺乏）、意外事件（如約會強暴、性侵害），甚至有些女性不願意受到婚姻的約束，卻希望生個孩子。

　　但是，無論何種因素形成未婚媽媽，對嬰兒與母親而言，或多或少都會造成一些不利的影響。通常，未婚媽媽可能因為不是預期的懷孕而

需承擔沉重的壓力和罪惡感，導致流產、墮胎、自殺等不幸事件，可以說是危機重重。即使將孩子生下來，對孩子也是不公平的，一出生就沒有父親，成長過程是單親兒童，將來的身分證又是「父不詳」，真是情何以堪？在英國有時稱未婚媽媽所生的孩子是沒人要的孩子（son of no one）。所以，站在兒童福利立場，服務的對象應該包括未婚媽媽及其子女，因為未婚媽媽如果得不到支持性服務，孩子何來正長發展？更不必奢言幸福與快樂。

原則上，對於未婚媽媽的服務，是從發現未婚懷孕開始，一直到孩子得到妥善的安置，未婚媽媽也有了適當的安頓為止。至於未婚媽媽將孩子生下來之後，對孩子的安置可能有三種情況：

1.由未婚媽媽自己帶在身邊撫養。

2.經未婚媽媽同意，送適當家庭收養。

3.經未婚媽媽同意，送兒童安置機構安養。

這三種情況，也是決定服務對象時不能忽略的課題。換言之，服務對象的情況不同，其所提供的服務內容自應有所差別，這是兒童福利服務的一項基本原則。

三、未婚媽媽及其子女服務的內容

對於未婚媽媽及其子女的服務，先進國家大多設立「未婚媽媽之家」（maternity home），加以收容，並提供專業性服務，以減少未婚媽媽的壓力及罪惡感，並對其子女進行適當的安排。

在臺灣，有關未婚媽媽為及其子女的服務，係由兒童福利行政主管機關輔導民間團體設置「未婚媽媽之家」或類似的機構，例如基督教芥菜種會未婚媽媽之家、天主教福利會未婚母親之家、基督教救世會瑪利亞之家、安薇未婚媽媽之家、臺南露晞之家、高雄撒馬利雅之家、嘉義

慈暉之家等。歸納這些未婚媽媽之家的服務內容大致包括：

1. 住宿服務

提供未婚而懷孕的少女暫時居住待產，並安排休閒活動及生活輔導。至於申請手續，未滿 20 歲者，須由父母或監護人填寫同意書，並檢具當事人的國民身分證或戶籍謄本向未婚媽媽之家提出申請。滿 20 歲者可自行負責，免家長同意書。有些機構吃住免費，但有些機構則必須繳納保證金及有關費用。

2. 就醫服務

在待產期間安排健康檢查、產前檢查，生產時免費接生（難產除外），以確保未婚媽媽的健康，並讓孩子能安全出生。

3. 心理諮商輔導

由專業輔導人員給予情緒上的支持，讓她表達那些悔恨、憤怒、罪惡、被傷害的感覺，並協助她面對問題、解決問題，仔細思考及規劃未來的路要怎麼走？要如何將未婚懷孕的事實告訴父母及男友？孩子出生後如何安置？是否重新返回學校就讀或返回工作場所就業？

4. 子女安置服務

嬰兒出生後，依照未婚媽媽的意願，可帶回扶養或由未婚媽媽之家的專業人員轉介適當的家庭收養，或安置於兒童收容機構安養。如果產後嬰兒打算送人收養或送交兒童安置機構收容安養者，必須將戶籍遷入未婚媽媽之家，以便辦理必要手續。

5.法律諮詢服務

提供其應有的法律權益和保障，例如孩子監護權的歸屬，辦理非婚生子女的法律程序、孩子寄養、由未婚爸爸領養等相關問題。

由上述服務內容，顯示臺灣對於未婚媽媽及其子女的服務已相當周延，對於協助未婚媽媽及其子女重獲新生頗有幫助，可惜積極性的事前預防措施似乎較少。也許，這不是未婚媽媽之家所能為力，而有待主管機關釐訂政策，加強實施兒童及青少年的性教育，以期減少未婚媽媽的形成。

此處必須進一步探討的是對未婚媽媽及其子女的服務太周延，會不會造成負面作用，反而助長未婚懷孕？事實上，國外有些研究（Kadushin & Martin, 1988; Holmes, 1994; Lindsey, 1994）都證實對未婚媽媽及其子女福利金的增加，未婚媽媽的發生率並未隨之上升。換言之，社會福利的依賴性僅能解釋未婚媽媽發生率的一部分原因，其他還跟犯罪率、失學率、藥物濫用等社會問題息息相關，因此，除了對未婚媽媽及其子女提供必要服務外，對於青少年的性教育、生活技能訓練（含營養、購物、照顧嬰幼兒的技能）、親職教育的輔導（含婚姻與家庭的價值觀）等，也必須同時進行（藍采風，1995）。

第 8 章

補充性的兒童福利服務

　　補充性兒童福利服務，就是一種補充性方案，目的在彌補家庭對其子女照顧功能之不足或不適當的情況。尤其當兒童的家庭發生困難，或其雙親因能力的限制，以致無法充分提供兒童照顧時，則往往需要從家庭系統之外給予補充性的服務。

　　對於兒童提供補充性服務，主要措施包括：托育服務、兒童在宅服務、經濟補助方案等。

 **第一節**

托育服務

　　本來，兒童在家照顧（at home care），是一種理想的照顧方式，但是在高度電子化的現代，很多家庭必須面對新而獨特的兒童照顧的議題，因為家庭結構已由擴大家庭（extended family）轉化為核心家庭（nuclear family），父母都須外出賺錢養家，雙薪家庭的比例提高，加以學齡前的兒童特別需要一個安全及有利於發展的環境，基於兒童最佳利益的考量，提供兒童良好的照顧乃成為重要需求（Crosson-Tower, 1998）。

一　托育服務的意義及目的

　　在理論上，托育服務（day care services）是兒童福利服務中對父母親職角色的一種補充性服務（supplementary services），也是兒童照顧方案（childcare project）的一環。

　　就補充性服務而言，依據《美國社會工作百科全書》（*Encyclopedia of Social Work*）的解釋：兒童托育是指為補充雙親的照顧及教養，而於家庭之外提供一段時間有組織的照顧、輔導及發展的機會，其組織與服

務型態是多樣化的（Lausburgh, 1977）。

由這個解釋顯示，托育服務是「補充」而非「替代」父母對兒童的照顧，而且有關照顧的安排是多樣化的，一般包括：**機構式托育服務**（day care center），如幼兒園、課後照顧中心，以及**家庭式托育服務**（day care home），如保母照顧等方式。

至於兒童照顧政策，依據英、美等先進國家兒童照顧的發展軌跡，最早是針對貧苦失依兒童的經濟補助方案，例如美國於 1935 年羅斯福（Franklin D. Roosevelt）政府在聯邦法案中特別針對低收入家庭的兒童給予經濟支持，稱為失依兒童家庭生活補助（Aid to Families with Dependent Children, AFDC）。其後在 1960-1975 年代之間，歐美國家一方面發展公立的托育服務設施，鼓勵婦女就業；另一方面則建立法定產假及親職假（parental leave）制度。1980 年代以來，因應福利多元主義的需求，促使私人及第三部門介入兒童照顧服務，而托育服務也更趨於多樣化（Kamerman & Kahn, 1994；郭靜晃等，2000）。

所以，無論從補充性服務或兒童照顧政策的立場，托育服務都是當前兒童福利服務的重要項目之一，並且呈現多樣類型，以因應不同服務對象的多元需求。

二　托育服務的對象

兒童，是指未滿 12 歲之人，托育服務的對象，理所當然包括出生後到 12 歲的兒童。

若以提供兒童托育服務的場所而言，一般可區分為居家式（home）的托育服務與機構式（center）的托育服務兩種。

其中，居家式托育服務，依兒童及少年福利與權益保障法第 25 條規定，是指兒童由其三親等內親屬以外之人員，於居家環境中提供收費

之托育服務。亦即「社區保母」（須取得保母人員技術士證），其收托對象由初生嬰兒至學齡前兒童都有。

　　至於機構式托育服務，除了依據兒童及少年福利與權益保障法第75條設置托嬰中心之外，則由教育體系依據「幼兒教育與照顧法」，設置幼兒園、課後照顧中心，從事幼兒保育與照顧服務。幼兒教育與照顧的體系架構如圖8-1：

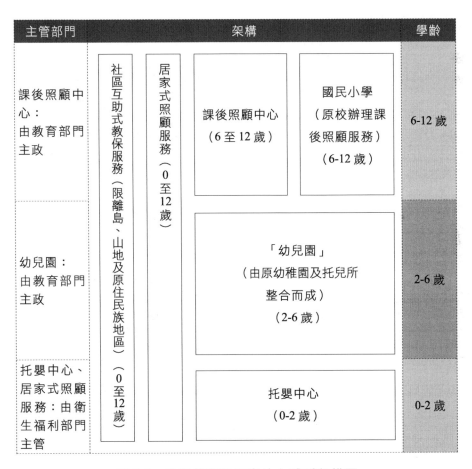

圖8-1　幼兒教育及照顧法之體系架構圖

資料來源：教育部電子報，2009 年 2 月 10 日

在兒童福利領域，居家式托育服務，有社區保母；機構式托育服務有托嬰中心，還有其他兼辦托育服務的機構，如育幼院、坐月子中心。這些單位的托育對象簡述如下：

1. 托嬰中心的嬰兒

托嬰中心是兒童福利機構，依據兒童及少年福利機構設置標準，辦理未滿 2 歲兒童的托育服務。

2. 社區保母系統的幼兒

中央主管機關於民國 89 年 8 月訂定「社區保母系統實施計畫」，並於民國 101 年年 6 月核定「居家托育管理實施原則」，規定參加社區保母系統的保母人員，於居家環境中提供未滿 6 歲之幼兒的托育服務。

另外，保母人員同一時段每人至多照顧兒童（含保母本人之幼兒）4 人，其中未滿 2 歲者最多 2 人，保母人員聯合收托者至多照顧兒童 4 人，同一場所收托達 5 人即可申請托育機構（托嬰中心）之許可。

3. 有特殊需要的兒童

在托育機構中，通常在一般托育對象之外，會增加收托名額，針對輕度身心障礙兒童、發展遲緩兒童，以及其他有特殊情況或身分的兒童，提供特定的托育服務。

4. 臨時托育服務的兒童

有時候，兒童的父母基於看病、購物、參加社交活動、參加教育訓練等情況，需要短期或臨時的托育服務。例如法國設有臨時托兒中心，日本亦有夜間托嬰旅館。

此外，臺灣近年來有愈來愈多的「坐月子中心」，專門收托未滿一個月的初生嬰兒，也是一種托育服務，通常由婦產科醫院附設，或私人自行設置，目前尚無管理辦法。

三 托育服務的內容

根據美國兒童福利聯盟（Child Welfare League of American, 1992）的文獻，托育服務的主要目的，在協助父母照顧其子女，以滿足兒童所需的教養、安全、健康、成長等基本要件。

為達成這些目的，托育機構必須提供相關服務。以臺北市為例，90年 4 月修正公布「臺北市兒童福利機構設置標準與設立自治條例」，第 16 條規定托育機構應提供下列服務，茲略作闡釋：

1. 良好生活習慣的養成

托育機構為了補充家庭照顧之不足，必須提供兒童良好的教保環境，有計畫地安排飲食、穿衣、遊戲等生活教育，協助兒童養成良好的生活習慣，獲得健全的成長。

2. 兒童健康管理

兒童正處於快速發展的階段，托育機構應特別注重兒童的健康及成長，包括：加強體能活動、改善兒童營養、定期防疫注射、安排疾病治療、避免意外傷害等。尤其對於身心障礙或發展遲緩的兒童，應提供其接受更多刺激、訓練和社會化的機會，作為復健的一部分。

3. 親子關係及支持家庭功能之服務

托育期間仍不能忽略兒童與家人的親子關係，並適當的安排親職教

育或家庭訪談,以協助家庭補充其照顧子女的知識和技能,共同培養兒童身體、智能、情緒及社會發展等各方面的潛能。

4.社會資源及轉介服務

托育服務是一種綜合性的服務,必要時必須連結衛生、教育、福利等相關服務的資源,或轉介兒童及家庭接受相關專業的服務,尤其是醫療及復健服務,進而建立托育服務網絡。

5.課後照顧及課業輔導

托兒所及課後托育中心(安親班),除前述服務項目外,並應提供單元活動或課業輔導,兼具保育和教育的雙重功能。

由上述服務內容,可知托育服務與社會工作密不可分,必須連結社會資源,補充及支持兒童家庭的功能,以促使兒童健全發展。目前及未來的發展重點是:(1)落實托育機構設施標準及專業人員教育訓練;(2)強化社區保母訓練及保母人員技術士技能檢定;(3)清查並輔導未立案托育機構合法化;(4)加強辦理托育服務楷模「及幼獎」之表揚(劉邦富,2000;郭靜晃,2000)。

 第二節

兒童在宅服務

在宅服務(in-home services)或居家照顧(home care),是老人福利服務與兒童福利服務共有的項目。近年來,臺灣除了重視老人的在宅服務,也逐漸重視兒童的在宅服務。

　　1979 年，當時的中華兒童福利基金會（CCF）率先試辦「溫媽媽愛家服務隊」，由受過專業訓練的家務員前往遭遇短期急難的家庭，協助家務及照顧兒童、老人、病人、殘障者及產婦，即為「家務員在宅服務」（home-maker service）。後來該會接受彰化、臺中縣、臺中市、苗栗、桃園、嘉義、高雄等七個縣市政府的委託，改由當地的家庭扶助中心承辦，並融入家庭扶助個案之中，扮演一種臨時媽媽的角色（王明仁，2000）。

　　1998 年，內政部在臺南市安平區等五個地區推動社會福利社區化實驗方案，臺南市策劃辦理弱勢家庭兒童的居家服務，使這類家庭的兒童照顧者得以獲得「喘息」的機會（王麗容等，2000）。

　　目前，一些經濟弱勢的家庭，或因喪偶、離婚、分居的單親家庭，以及身心障礙者家庭或子女遭遇特殊狀況的家庭，都需要在宅服務，以協助兒童照顧。

一　兒童在宅服務的意義及目的

　　在社會福利體制內，所謂「兒童在宅服務」，是指由社工人員或其他如「溫媽媽」之類受過簡單訓練的人，到低收入、單親等弱勢家庭中，提供任何補充性兒童福利服務。也就是以「案主」為中心，提供服務到兒童家中（邱志鵬，2008）。

　　據此申言，「在宅服務」（providing in-home care to clients）與「到宅服務」（providing care to clients home）略有不同。在宅服務是讓兒童待在自己的家裡，接受服務人員的服務。

　　在美國，於 1903 年，紐約市首先為窮人設立「家庭服務局」，僱用一些人員提供看護服務，以期減輕生病的母親在家務上的負擔，後來逐漸發展為提供幼兒的照顧。這種因為母親角色無法發揮功能，由社會

工作員督導家務員以代理母親的身分,為在家的兒童提供照顧服務,即為家務員服務(homemaker service)(周震歐,1991)。

在臺灣,並不直接使用「家務員服務」一詞,民間團體(CCF),所使用的是「家務員在宅服務」,臺南市政府試辦的方案則稱為「在宅服務」或「喘息服務」。就其性質而言,這些名詞大同小異,所指的無非是針對母親角色暫時空缺的家庭提供家務服務,而使兒童得以生活在自己的家庭之中。不過,臺灣使用在宅服務,其服務對象則不侷限於兒童,尚且包括殘障、低智能、久病、有特殊需要的家人。

再者,家務員服務與一般僱請傭人來家照顧幼兒仍應有所區隔。通常,帶小孩的傭人並未受過訓練,工作項目也只是為兒童餵食及做家事,而家庭服務人員則必須在社會工作專業人員的督導之下,參與個案工作的處置,以協助父母親角色功能早日恢復或增強。所以,貝特(Belt)認為:家務員服務是對孩子的一種社會服務,由機構提供個案工作的幫助,透過家務員提供照料孩子的必要指導,將使父母儘可能的讓孩子留在家中,其目的在增強、支持及補充或恢復父母照顧幼兒的能力,預防不必要或輕率地將幼兒移出他自己的家庭(周震歐,1991)。

臺灣的做法也是如此,CCF的家務員在宅服務,家務員(溫媽媽)必須接受專業訓練,並配合社會工作員,運用專業技巧和方法,使兒童及其家庭獲得適時、適當的照顧,增強其適應能力,以達獨立自主的目標(王明仁,2000)。至於僱用菲律賓、印尼、泰國或大陸的女傭來帶小孩兼做家事,則不屬於兒童在宅服務的範疇,切勿混為一談。

二 兒童在宅服務的對象

兒童在宅服務(in-home services to child)是一種補充性服務,目的在補充親職功能之不足,維繫家庭結構的完整,以協助兒童正常成長。

通常，母親因故不能負起照顧職責，而父親也不善於扮演「父代母職」的角色，是提供兒童在宅服務的適當時機。換言之，需要在宅服務的兒童，主要有下列幾種：

1. 低收入家庭的兒童

當家庭經濟收入低於維持基本生活需要的水準，兒童的物質及精神生活勢必受到不利影響，此時提供居家服務，可以讓兒童生活在自己的家庭中，因為家庭是兒童成長的最佳場所。況且子女眾多的家庭使用居家服務，比起寄養家庭，費用較省，功能也較多。

2. 單親家庭的兒童

當父或母因為死亡、離婚、遺棄或其他因素造成單親，通常比雙親家庭容易受害（vulnerability）。單親家庭的兒童常須面臨經濟劣勢、社會壓力、情緒支持、子女照顧、住宅安排及人際關係等困擾問題，所以先進國家大多針對單親家庭及兒童提供協助與服務的政策，除了所得維持、醫療照顧、就業服務之外，子女照顧及住宅服務也是重要的服務項目（馮燕，1989）。

3. 身心障礙的兒童

扶養身心障礙的孩子，必然給家庭帶來許多壓力。一方面因為身心障礙的孩子需要較多的關懷和資源，才能順利成長，所以需要對他們的家庭提供喘息服務及資源轉介；另一方面因為父母對於身心障礙孩子的教養可能疲於應付，相對忽略了其他孩子的需求，所以也需要居家服務，分擔其他孩子的照顧，使父母有更多的心力照顧身心障礙的孩子。

4. 父母因故不在家的兒童

兒童的父母因為嚴重車禍、重病住院、犯罪逃亡、被捕入獄等特殊情況，以致無法在家照顧孩子，此時由家務員或志願工作者提供在宅服務，可以迅速補充家庭照顧的角色，並協助處理家務。

5. 父母均不善於照顧的兒童

兒童的父母雖然在家，卻因本身智能障礙、酗酒、吸毒、兒童虐待或疾病後遺症等因素，不善於照顧孩子，甚至不適宜照顧自己的孩子，則在安排寄養服務前後，可以提供居家服務作為過渡的服務策略。

此外，兒童的居家服務偶而也可以補充其他兒童福利服務，對於有需要的兒童提供服務。例如：尚在爭議是否將孩子安置在家外機構時，居家服務有緩衝作用；職業婦女對子女的托育服務未被接受時，可由居家服務暫時照顧；養父母或初為人父母者，可藉居家服務渡過親子關係的轉變期；當父母因定期健康檢查、醫院門診、探病、奔喪等事項必須暫時離家，亦適用居家服務，使兒童不致中斷照顧（周震歐，1997）。

三　兒童在宅服務的內容

兒童在宅服務的主要內容，包括兒童照顧與家務處理兩方面。如果加以細分則至少包括：

1. 暫時性的兒童照顧

兒童的父母因故不在家或無法親自照顧孩子，由受過訓練的家務服務員或社區志願工作者到家中暫時照顧兒童，其照顧的時間視實際需要

而定，可以是每天數小時，每週或每月數天，或者利用週末、假日，到兒童家中提供臨時照顧，使兒童能在自己熟悉的家庭環境中成長。

2. 協助兒童接受醫療服務

對於生理有疾病、身心有障礙或受到意外傷害（燒燙傷、脊椎受傷、肢體受傷）的兒童，協助其接受醫療及護理的服務，包括陪伴就醫、床邊看護、餵食藥品、助理復健等。使兒童加速康復，並讓長年無休的照顧者得有喘息的機會，或者減輕父母長期照護的壓力，以便兼顧其他孩子的需求。

3. 一般家務管理的服務

包括為兒童及其家庭準備餐食（或送餐服務）、維護及管理居家環境、代繳水電費、接聽電話及文書處理等，其主要目的也是在分擔父母的照顧壓力，是喘息服務（respite service）的一種。

4. 社會資源的轉介服務

生長在單親、低收入、身心障礙等弱勢家庭的兒童，通常需要較多社會資源的提供或連結，始能順利成長。因而，居家服務必須審視兒童及其家庭的需求，提供或轉介諸如經濟補助、諮商輔導、托育服務、精神治療、就業服務、親職效能訓練、家長互助團體等社會資源，藉以增進兒童家庭自我照顧的能力。

5. 配合個案工作的處遇

兒童在宅服務有別於傭人服務之處，就在於從事在宅服務時必須結合社會工作專業，或者接受社會工作者的督導，配合個案工作流程，適時參與必要的服務，以協助案主家庭及早解決兒童照顧的問題，恢復並

強化家庭照顧的功能,這才是兒童在宅服務的最終目的。

有時,兒童的在宅服務也對兒童的家人提供服務,因為兒童與家人是一個有機連帶,一旦家人遭遇意外,則對兒童的處境無異雪上加霜。所以不能忽略對其家人的關懷和服務,以使兒童在功能較佳的家庭裡生活和成長。

目前,臺灣的兒童在宅服務係由政府結合民間的力量共同辦理,這與美國的做法大同小異,委託民間經營是共同趨勢。然而,較諸先進國家的發展,有待加強之處仍多,譬如:(1)參考老人在宅服務的政策,由各縣市社會局僱用全職的在宅服務員從事服務;(2)加強家務服務員的招募與訓練,逐步擴大兒童服務範圍;(3)繼續推動社區弱勢家庭喘息服務方案,加速兒童在宅服務的社區化;(4)研擬使用者付費制的兒童在宅服務,逐步減少非經濟弱勢家庭對外籍女傭的依賴;(5)區隔在宅服務與傭人服務的差異,加強社會工作與兒童在宅服務的相互配合。

 第三節

經濟補充方案

對於貧苦家庭的兒童提供經濟上的補助,一直是兒童福利服務的主要措施,也是補充兒童家庭經濟功能的重要方案之一。

在美國,早在 1935 年實施「社會安全法案」時,就列入失依兒童補助(aid to dependent children, ADC);1962 年修訂為「失依兒童家庭補助」(aid to families with dependent children, AFDC),強調兒童的救助方案是以家庭為單位(Pecora et al., 1992)。1996,年柯林頓政府實施「貧困家庭暫時性救助」(temporary assistance for needy families, TANF),取代

原有的 AFDC 政策，倡導就業服務，以激勵貧困家庭自立自主。

在臺灣，為保障國民最低生活，自民國 50 年起實施兒童家庭補助制度，凡列冊低收入戶者，每一兒童每個月都可以領到兒童津貼。近年來，各縣市政府為增進兒童福利，又相繼推出兒童托育補助、幼兒教育券等多項以兒童為對象的經濟補充方案。

一 經濟補充方案的意義及目的

經濟補充方案是院外服務（outdoor services）的一種方式，對於經濟弱勢的兒童家庭提供現金或實物補助，使兒童不致因為家境貧困而需家外安置，或因家庭經濟困難而使其接受教育及醫療等基本權利受到不利的影響。簡言之，就是由政府財力補充家庭經濟之不足，讓兒童能在自己的家庭中順利成長。

基本上，以兒童為對象的經濟補充方案，可有兩大類型：一種必須經由「資產調查」（means test）來決定補助的資格，也就是家庭所得必須符合低收入的標準，或者與低收入有關，通常這是屬於社會救助的部分，一般稱為家庭補助（financial aid to family）。另外一種針對某些特定人口群，平等給予一定數額的現金補助，而不必考量其家庭的財產狀況、所得多少或父母有無就業，通常這是屬於社會津貼（social allowances）或普及津貼（universal allowances）的部分，一般稱為兒童津貼（child allowance）（林勝義，2000）。

其中，家庭補助也稱為所得維持方案（income maintenance programs），是依據社會救助相關規定，針對低收入父母而設計的一種兒童經濟補助方式，用以補充父母的角色責任。社會工作辭典指出：家庭補助是貧苦兒童救助工作的方法之一，採取院外救助方式，對於貧困兒童施以經濟救助，使其成長於親生家庭，不因貧困而離開家庭，稱為「家

庭補助」（鄭淑燕，2000）。例如我國「兒童及少年福利與權益保障法」
第 23 條規定，政府對無力撫育 12 歲以下子女者，予以家庭生活補助或
醫療補助。

至於兒童津貼，有時也稱為家庭津貼（family allowance），目的在
協助父母以分擔照顧子女之責任，或減輕其撫育子女之負擔。通常，家
庭津貼的辦法是由國家稅收支付所有兒童一定數額的津貼，但各國常因
國情而有不同的措施。例如，瑞典對育有子女的家庭提供子女津貼及大
家庭補助金（child allowance and large family supplement），英國的兒童福
利給付（child benefit），亦為其家庭津貼的一環（楊瑩，2000）。

客觀的說，經濟補充方案是屬於地方政府職責，所以即使同一個國
家，對於家庭補助或兒童津貼可能也各有不同的政策。以臺灣而言，許
多以「津貼」為名的兒童福利，例如育兒津貼、托育津貼，其領取的條
件仍須符合低收入或中低收入的規定，並不是所有兒童津貼都是普及式
或與家庭所得情況無關。

二 經濟補充方案的服務對象

正因為經濟補充方案的類別及領取條件，各國或各縣市不盡相同，
所以對於家庭補助及兒童津貼的服務對象，僅能列舉相關法令的規定略
作說明：

1. 列冊低收入戶的兒童

例如我國「社會救助法」第 16 條規定，各級政府得視實際需要及
財力，對低收入戶提供特殊項目救助及服務，包括產婦及嬰兒營養補
助、托兒補助、教育補助、生育補助及其他必要之救助及服務。

2.父母無力撫育的兒童

例如我國「兒童及少年福利與權益保障法」第 23 條規定，縣市政府應辦理的兒童福利措施，包括對於無力撫養未滿 12 歲之子女者，予以家庭生活補助或醫療補助；早產兒、重病兒童之扶養義務人無力支付兒童全部或部分醫療費用之醫療補助。通常，家庭生活扶助或醫療補助以具有下列情形之一者為限：

(1)父母失業、疾病或其他原因，無力維持子女生活者。

(2)父母一方死亡，他方無力撫育者。

(3)父母雙亡，其親屬願代為撫養，而無經濟能力者。

(4)未經認領之非婚生子女，其生母自行撫育，而無經濟能力者。

3.特殊境遇婦女家庭的兒童

例如我國「特殊境遇家庭扶助條例」第 2 條規定，特殊境遇家庭扶助，包括子女生活津貼、子女教育補助、兒童托育津貼。至於特殊境遇婦女的界定，在家庭經濟狀況方面，第 4 條規定，其家庭總收入按全家人口平均分配，每人每月未超過政府當年公布最低生活費用標準的 2.5 倍，且未超過臺灣地區平均每人每月消費支出 1.5 倍。

4.身心障礙的兒童

例如我國「身心障礙者權益保障法」第 71 條規定：直轄市、縣（市）主管機關對轄區內之身心障礙者，應依需求評估結果，提供下列經費補助，並不得有設籍時間之限制：(1)生活補助費；(2)日間照顧及住宿式照顧費用補助；(3)醫療費用補助；(4)居家照顧費用補助；(5)輔具費用補助。另外，第 73 條規定：身心障礙者加入社會保險，政府機關應依其家庭經濟條件，補助保險費。

5.某特定人口群的兒童

例如臺北市對於列冊之低收入戶兒童、委託收容之兒童（含育幼院、寄養家庭）、經社會福利服務中心轉介之危機家庭兒童、具有原住民身分之兒童，提供就讀立案之私立幼兒園、公立幼兒園之托育補助；並自87年7月開始，對滿5歲未入小學，且就讀臺北市幼兒園者，發給教育券，家長可憑券抵免學費。同時，對於設籍並實際居住於臺北市的3歲以下兒童提供醫療補助。

此外，臺灣地區各縣市政府基於地方自治，或多或少都會針對某些特定的兒童提供某種形式的家庭補助或兒童津貼，例如發展遲緩兒童療育訓練費或交通費補助、單親家庭育兒補助、身心障礙兒童看護經費補助等。

三 經濟補充方案的服務內容

以兒童為服務對象的經濟補充方案，其服務內容常因國家政策或地方政府的作為而呈現多彩多姿，不勝枚舉。茲就現金補助的部分歸納如下：

1.兒童生活補助

對收入偏低（含低收入、中低收入）及失依兒童提供經濟上的扶助和輔導服務，以防止兒童因家境貧窮、父母死亡、失蹤、離異或其他因素，無力撫育而使兒童發生不幸。

2.兒童醫療補助

對於早產兒、重病兒童之扶養義務人無力扶養其子女時，給予醫療費用之補助。另外，對 18 歲以下兒童參加全民健康保險醫療費用自付部分的補助、身心障礙兒童看護費用的補助、發展遲緩兒童評估鑑定報告書補助及療育補助等，也都屬於醫療補助。

3.托育補助

對於低收入、原住民等弱勢家庭的兒童，以及危機家庭、寄養家庭的兒童，提供托育津貼補助，以減輕父母負擔，並保障兒童接受托育服務的權益。

4.兒童教育補助

對低收入戶、特殊境遇家庭等類兒童，提供教育補助，或對一定年齡的幼兒就讀幼兒園者提供「幼兒教育券」，對身心障礙兒童提供「教育代金」，以協助兒童順利完成應有之教育。

5.育兒津貼

對於低收入或特殊境遇家庭的兒童，提供育兒津貼，以紓解父母的負擔，也讓兒童得到較佳的營養及照顧。

除了上述現金補助外，有些縣市對於低收入戶的孕、產婦及嬰幼兒提供奶粉、綜合維生素等營養品，也可以視為經濟補充方案的一部分。不過，一般先進國家對於家庭補助或兒童津貼，大多採用現金補助；同時，除了貧苦或失依兒童家庭補助之外，對於兒童津貼大多採普及制，藉以全面照顧兒童的經濟安全。所以，臺灣應努力之處包括：(1)將有關

兒童的補助與津貼加以區隔，凡須具備低收入或中低收入條件者一律稱
為補助，其餘稱為津貼，以免混淆不清；(2)臺北市及部分縣市已實施一
些普及式的兒童津貼（例如 5 歲以下兒童的幼兒教育券、6 歲以下兒童
的托育津貼、18 歲以下兒童健保醫療費自付部分之補助），宜由政府寬
籌經費全面推廣，讓全國兒童都有平等機會得到必要的經濟補助；(3)當
前內政部兒童局正規劃結合社會保險、社會救助及兒童津貼，建立兒童
經濟安全制度（economic security system for children）（郭靜晃等，2000），
期待早日落實，使兒童經濟補助方案制度化。

第 9 章

替代性的兒童福利服務

　　替代性兒童福利服務，就是一種替代性方案，目的在針對兒童個人的實際需求，提供一部分或全部替代家庭照顧的功能。換言之，在家庭失功能時，將兒童安排到適當的居住場所，以替代父母執行兒童照顧的角色。

　　對兒童提供替代性服務，其主要措施包括：寄養服務、收養服務、機構教養等。

 第一節

寄養服務

　　臺灣人一向保守，基於強烈的家庭觀念，即使再苦再窮或家庭遭遇變故，也不輕易將孩子轉由他人照顧。但是近年來臺灣的科技迅速發展，工業化與都市化促使社會變遷轉趨急遽，導致離婚率提高、家庭暴力頻傳，加上未婚生子、意外事故等因素，使許多兒童無法獲得原生家庭適當的照顧，因而對於寄養服務的需求日趨殷切。

一 寄養服務的意義及目的

　　寄養服務（foster care），簡稱寄養或托養。通常，寄養的方式可分為家庭寄養（foster family care）與機構寄養（institute care）兩種，但是世界各國均以家庭寄養為實施兒童寄養的最佳考量（鄭淑燕，1991），所以寄養服務有時直接稱為家庭寄養。

　　依據美國兒童福利聯盟（The Child Welfare League of America）的解釋，家庭寄養是一種兒童福利服務，當兒童親生家庭暫時或長期無法提供兒童所需的照顧，同時親生父母不希望兒童被收養，而且收養也不可

能時，所提供給兒童的一個有計畫、有時間限制的替代性家庭照顧（Kudushin,1980）。

　　由這個定義顯示，寄養服務的特質是：重視「兒童成長於家庭中」的精神，需要有計畫的提供專業服務，而且寄養期間有一定的限制，最終目標是希望協助兒童早日返回其原生家庭。

　　至於寄養服務的目的，主要在維持兒童正常發展，一方面使需要安置的兒童在寄養家庭中，獲得基本生活的照顧，不致因為家庭發生重大變故，或父母管教不當而阻礙其身心發展；另一方面則經由兒童福利工作人員的協助，使兒童的原生家庭恢復功能，讓兒童能於適當的時機重返其原生家庭。

二 寄養服務的對象

　　寄養服務的對象，主要是家庭發生重大變故，或父母不宜教養的情況下，兒童無法得到父母或近親妥善照顧，而必須與親人分離，寄居於別的家庭之中。

　　兒童之所以需要寄養的原因，各國的情況大同小異。在美國，包括失依兒童、被父母遺棄的兒童、父母因犯罪或殘疾而無法照顧的兒童、兒童因特殊行為或情況而必須離開原生家庭（Friedlander, 1980）。在日本，包括父母離婚、父或母出走、父母住院醫療、父或母死亡、父母入獄及被遺棄、虐待與疏忽的兒童（翁慧圓，1993）。在臺灣，依據兒童及家庭扶助基金會辦理兒童寄養的經驗，兒童有下列情形之一者，得經由其家長或利害關係人之申請，由當地兒童福利主管機關調查許可後，辦理家庭寄養：

　　1. 家庭經濟困窘或生活無依者。

　　2. 非婚生或被遺棄者。

3. 家庭嚴重失調，無法與親生父母共同生活者。

4. 父或母患嚴重疾病必須長期療養者。

5. 父或母在監服刑無法管教子女者。

6. 父母無力或不適宜教養子女者。

由此可知，需要寄養服務的兒童，可以歸納為兩種情況：一種是父母無法給予適當的照顧，另外一種是兒童本身有特殊行為（如攻擊）必須離開原生家庭。

三　寄養服務的內容

寄養服務是一種專業性的服務，兒童福利機構或受託辦理寄養服務的單位，必須經由專業工作者提供必要服務，以維護寄養兒童的權益。依兒童寄養的安置過程，其服務重點包括：

1. 寄養申請案件的評估及接案

依據「兒童及少年福利與權益保障法」第 56 條規定，兒童及少年之安置，直轄市、縣（市）主管機關得辦理家庭寄養、交付適當之兒童及少年福利機構或其他安置機構教養之。此時，兒童福利工作人員即應針對兒童是否適合寄養加以評估，並建立個案基本資料，作為後續服務的準備。

2. 寄養家庭的招募及培訓

寄養家庭是未來安置及照顧寄養兒童的場所，也是寄養服務成敗的重要關鍵。所以，兒童福利工作人員必須針對兒童寄養的需求量，以及需要被寄養兒童的特質，透過報紙、廣播、電視、海報、小冊子、網路等多元途徑，招募有意願的寄養家庭，並實施相關知能的研習訓練，然

後擇優遴選適當的家庭,儲備為合格的寄養家庭。有關寄養家庭的招募
與選擇,除了寄養父母必須對兒童有愛心和耐心、情緒成熟、性格穩
定、處事有彈性、對危機有適應能力等特質外,尚須具備下列條件:

(1)年齡:寄養父母一方年齡滿 30 歲以上,未滿 55 歲。

(2)教育程度:寄養父母具有國民中學以上教育程度。

(3)婚姻狀況:寄養父母結婚至少滿 3 年最理想,且須夫妻相處和諧。

(4)健康狀況:寄養家庭的成員健康良好,無傳染疾病。

(5)居住場所:寄養家庭的住所安全、整潔,有足夠居住和活動的空
間。

(6)經濟狀況:寄養家庭有固定收入,足以維持家庭生活。

(7)品德:寄養家庭的成員品德端正,有愛心,家庭氣氛和諧。

(8)全家意願:寄養父母及家庭成員均同意接受寄養。

3.寄養兒童的配對及安置

如果兒童寄養申請案件符合家庭寄養的規定,則兒童福利工作人員
必須將兒童安置在最能配合其個別需要的寄養家庭。在進行配對及安置
時,必須留意寄養兒童的個別情況、尊重兒童原生家庭的意見、接納寄
養家庭的教養方式、遵守保密原則,並訂定寄養契約,以協助兒童正常
發展(林明姿等,1993)。

4.寄養家庭的訪視及協助

兒童安置於寄養家庭之後,兒童福利工作人員必須定期或不定期訪
視寄養家庭,並針對安置之後所產生的種種問題提供專業協助。例如寄
養兒童的適應問題、寄養兒童偏差行為的問題、寄養兒童疾病及就醫問
題、寄養家庭的適應問題,都必須協助處理。同時,鼓勵並協調原生家
庭探訪寄養家庭及兒童,也是必要的一種服務。因為原生家庭積極正向

的探訪，有助於增進親情，縮短寄養期間，並提高原生家庭重建的信心。

5.寄養兒童原生家庭的重建

寄養服務不僅在「安置兒童」，其最終目標乃在協助兒童重返原生家庭，獲得正常的生活。所以，在兒童寄養之後，兒童福利工作人員仍應積極推動「返家規劃」，協助原生家庭重建，早日恢復家庭的功能。至於協助原生家庭重建的方法，除了定期訪視、個案會談、團體經驗交流、強化親友支援力量、建立社會資源網絡外，亦可視其需要而運用危機調適（crisis intervention）、家族治療（family therapy）、行為改變（behavior modification techniques）等專業方法。

6.寄養兒童重返家庭的準備或再安置

兒童在寄養家庭居住一段時間之後，如果原生家庭的危機已經消除或減輕，兒童福利工作人員經過仔細評估，即可協助兒童做好重返原生家庭的準備工作，包括告知返家的時機、說明終止寄養的原因、處理分離的焦慮、安排返家的方式等。但是另外一種情況，如果寄養兒童無法在寄養家庭繼續居住下去，或因某些因素必須安置到較合適的寄養家庭或機構，則必須給予再安置的服務，但應該比第一次安置更慎重處理。

寄養服務在國外實施多年，臺灣則從民國 70 年開始推行，目前寄養服務已成為長期或短期安置有需要兒童（needy children）的福利服務措施。臺灣的寄養服務大多由政府委託中華兒童暨家庭扶助基金會、臺灣世界展望會等民間團體辦理，並已獲致一定績效，但仍面臨一些問題有待改進，包括：增進大眾對寄養服務的認識、加強寄養家庭招募及培訓的效果、強化寄養家庭的教育訓練、落實寄養家庭的督導、建立寄養安置的評估標準、加強原生家庭的重建服務、整合寄養服務的資源等（翁

毓秀，1990；鄭淑燕，1991；蘇麗華等，1999）。

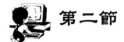 第二節

收養服務

　　早期的臺灣，有些家庭因經濟困窘，子女眾多，乃將若干子女送人當養子、養女或童養媳，因而衍生虐待養女、推入火坑、販賣人口等許多弊端。目前這些情況已幾近絕跡，但是因意外事故父母雙亡，以及未婚媽媽、單親爸爸、受虐母子、不希望孩子跟自己一起吃苦或其他因素，而必須將孩子送人收養者仍時有所聞。加上不能生育、缺乏子嗣，為了傳宗接代或養兒防老，而有收養需求者亦不在少數。使得臺灣每年約有三、四千兒童被收養，所以收養服務在今天仍有其必要。

一　收養服務的意義及目的

　　收養服務（adoption），簡稱收養，也稱為領養，是兒童照顧中永久安置的一種兒童福利服務。

　　依據社會工作辭典（蔡漢賢，2000）的解釋，收養是指經由社會工作及法律的過程，建立非血統雙方的親子關係。在兒童福利服務網絡中，收養屬於替代性服務性質，即指在家庭功能完全破壞後，為兒童尋找一個替代家庭的永續規劃（permanency planning）服務。

　　進而言之，收養與寄養都是為那些生長在自己家庭中可能有所不利的兒童選擇一種替代性的家庭，而且寄養家庭也可能轉變成為收養家庭。高德斯提（Goldstein）等人就曾主張：一旦寄養父母成為兒童心理上的父母，並與原生父母的感情聯繫明顯地變弱，則應該考慮經由收養

來作永久性安置（Smith, 1984；王碧珠譯，1997）。但是寄養與收養之間仍然有明顯的差異：

　　1. 寄養是暫時性的安置，收養是永久性的安置。

　　2. 寄養雖將兒童安置在另一新的家庭，但原生父母仍享有為人父母的權利，收養則是兒童與原生父母之間完全斷絕法律關係。

　　3. 寄養家庭可向政府主管機關（如社會局）或委託的兒童福利機構領取寄養費用，但收養者通常不領取收養費用。

　　此外，收養也不同於認養（sponsorship）。認養是對於貧困兒童定期經濟贊助的方式，由某些兒童福利機構徵求社會善心人士作為認養人，透過經濟贊助來協助孩子。認養人可以藉著書信、電話、FB、Line或探訪等方式，與孩子聯繫，但不直接扶養，亦無須法律認可。

　　現代的收養服務，通常透過兒童福利機構或委託民間團體辦理，其目的包括兩方面：在消極面，經由合法的收養管道及社會工作專業人員的協助，以減少私下直接安排收養或第三者仲介可能涉及的人口拐誘、竊嬰、販嬰、非法報為親生等弊端，導致兒童受到嚴重傷害；積極面則幫助有困難的父母解決問題，使其不必「拋棄」孩子，而且對於收養家庭提供支持及諮詢服務，協助其順利運作，發揮正常家庭的功能，以保障兒童的權利，使被收養的兒童快樂的成長。

二 收養服務的對象

　　早先的收養，主要在滿足沒有孩子的夫婦之需求，現代的收養則著重在兒童的權益，是保護及照顧兒童的一個替代性方案。所以，收養服務的主要對象是被收養的兒童。但是為了兒童的順利安置，對於兒童被收養之前及被收養之後的兩個家庭，也必須給予適當的協助。

　　具體而言，兒童福利主管機關或相關機構在辦理收養服務時，必須

透過專業人員在兒童、原生父母及收養父母三者之間來回聯絡，使他們作適當的配合：

1. 兒童

兒童福利機構在辦理收養服務時，特別強調兒童的需要，以兒童為中心，設法安排適當的收養者，使其在未來家庭生活能獲得溫暖與安全。

2. 原生父母

如果被收養的兒童是孤兒，必須瞭解其變成孤兒的原因；如果是棄嬰，必須設法瞭解其被父母遺棄的可能原因；如果是未婚媽媽或兒童父母自願出養，則應儘量查明其出養的原因。

3. 收養家庭

瞭解收養家庭的收養動機、智能狀況、家庭狀況等，是否能使被收養兒童得到應有的照顧。以兒童福利聯盟為例，其所定的收養人條件包括：

(1)身心健康，無不良嗜好。

(2)經濟能力足供養育而無匱乏。

(3) 50 歲以下的夫妻。

(4)能參與本會舉辦之公開說明會、收養人準備團體及成長團體，並依規定進行試養者。

(5)能接受各項收費規定，家中成員亦能接納，並真心愛護、照顧被收養兒童。

三 收養服務的內容

收養是安置一個兒童給一對夫婦照顧和養育，在收養的過程，必須

保障兒童，使其福利能受到充分的維護。這樣的保障，主要是仰仗有計
畫的收養服務，包括：

1. 家庭訪視

我國「兒童及少年福利與權益保障法」第 17 條規定，法院認可收
養前，應命主管機關或其他兒童福利機構進行訪視，提出調查報告及建
議，俾利考慮兒童最佳利益，且應尊重滿 7 歲兒童被收養的意願。收養
前的訪視，主要在進行評估與篩選（assessment and selection），也就是
運用社會工作的知識和處遇技巧，評估收養申請者是否有能力成為收養
父母。評估重點除了瞭解收養申請人的收養動機、健康及財務狀況外，
尚應包括收養人成熟及彈性的程度，以及實際家庭運作、家庭氣氛與快
樂滿足，且令人滿意的家庭關係。

2. 媒親配對

收養，絕不是讓收養人在一群孩子中挑出一個來收養，而是經由社
會工作者進行家庭訪視及調查之後，一方面篩選出適當的預期收養人
（prospective adopters），另一方面參酌出養家庭的期待及孩子的情況，
基於「福利原則」加以媒親（matching）和連結（linking）。如果出養家
庭與收養家庭雙方都覺得適合，才可以向法院申請收養認可，正式取得
孩子的監護權，並試養一段期間。至於法院則須依據民法所規定的要件
辦理收養認可，其要件包括：

(1)年齡限制：收養者年齡，應長於被收養者 20 歲以上。

(2)近親收養之限制：直系血親不得收養為養子女，但夫妻一方收養
他方之子女者，不在此限；旁系血親及旁系姻親之輩分不相當者，不得
收養為養子女，但旁系血親在八親等之外，旁系姻親在五親等之外者，
不在此限。

(3)與配偶共同收養：有配偶者收養子女時，應與其配偶共同為之。但夫妻一方收養他方子女者，不在此限。

(4)經配偶同意：有配偶者被收養時，應得其配偶之同意。

(5)不得重複被收養：一人不得同時為兩人之養子女。

3.親職教育

在試養期間到正式收養之前，協助收養人準備好成為被收養人的父母，讓他們把收養的事情思考得更清楚，對養父母的角色更瞭解，將來能夠面對隨之而來的新增任務。倘若沒有為收養者的角色預作準備，他們會在孩子的關係中感到緊張，甚至無法承受。

4.成長團體

這是安置之後，「為人父母的進階」（parenting plus）的一種訓練，亦即透過自助團體或團體討論，使有類似情境的收養人一起討論他們的感受和想法。在團體的過程，可以運用錄音帶、錄影帶、角色扮演等方式，協助他們瞭解和學習處理孩子安置於他們家之後可能面對的問題。通常，在比較輕鬆和實際的情境中，團體成員比較容易接受同儕的解釋和建議，進而比較容易接受他們收養的孩子（Smith, 1984；王碧珠譯，1997）。

5.收養後的追蹤服務

在開始階段，收養人即使已經做了某些程度的準備，但實際收養之後的情況可能會有所改變。所以安置之後，收養人仍應繼續學習，也就需要繼續給予必要的服務，包括對被收養兒童及收養家庭所面對的感受、反應及周遭人的態度等提供支持或建議。

　　近年以來，收養已逐漸減少，原因是已婚婦女能有效避孕，墮胎也比較容易，不致出生過多的子女而無法撫養，同時社會對於非婚生子女及單親家庭的態度已經改變。但無論如何，只要有收養事實的存在，為了維護兒童權益，收養服務將永遠需要。

第三節　機構教養服務

　　對於失依兒童的教養方式，早期是以機構教養為主，後來由於兒童照顧理念的發展，倡導以家庭為兒童最佳生活場所，因而產生寄養服務與收養服務。

　　雖然，現今兒童照顧的觀念已轉變，兒童安置的考量依序為家庭寄養、家庭收養、機構安置，但無論如何，機構教養仍有其存在的價值，因為：(1)機構教養是發展最早的一種兒童福利服務制度，較易被社會大眾所接受與利用；(2)機構教養可以在有控制的環境下，配合兒童的特殊需要，協助其身心健全發展；(3)有些兒童性格異常，並不一定適宜家庭寄養或家庭收養，必須由機構加以收容教養，才能正常成長。

　　所以，機構教養一直存在，沒有沒落，而且隨著兒童福利需求的轉變也有新的發展。

一　機構教養的意義及目的

　　機構教養（institutional care），是政府或民間團體對於失依兒童所實施的一種機構安置。早期，對收容失依兒童，並提供生活照料及學習機會的大型長期兒童收容機構，稱為孤兒院（orphanage），屬於慈善機

構。後來，因社會變遷的需求，改稱為育幼院（children's home），其收容對象擴及破碎家庭、變故家庭、低收入家庭的兒童（馮燕，2000）。後來，臺灣省政府組織調整，原省立桃園、臺中、高雄育幼院，乃依其所在地區如今改稱為衛生福利部北區、中區、南區兒童中心，而收容安置的對象更加擴大，包括被疏忽、虐待及性侵害的兒童，成為一種綜合性的兒童教養機構。至於私立育幼院的名稱迄未改變，但服務對象亦呈現多元化。

卡都興（Kadushin, 1980）對失依兒童的安置，稱為兒童教養機構福利服務，是指一群彼此沒有血緣關係的兒童，24小時住在一起，並由一群與他們彼此之間沒有血緣關係的成人來照顧兒童的生活起居，及透過專業的社會工作者與輔導人員，進行身心、學習及生活輔導的一種替代性機構福利服務工作。卡都興（Kadushion, 1980）並指出替代性兒童福利服務體系的主要項目包括寄養（foster）、收養（adoption）、急難庇護（emergency shelter and care）、團體之家（group homes）、兒童收容所（children's institution）、住宿處遇中心（residential treatment）。換言之，機構教養是寄養與收養之外的一種替代性兒童福利服務，其範圍包括緊急庇護、團體之家（即中途之家）、兒童收容所、住宿處遇中心等多種功能。

今日有關兒童的教養機構已不侷限於育幼院。中央及直轄市、縣（市）政府為收容不適於家庭養護或寄養之無依兒童，及身心有重大缺陷不適宜於家庭撫養之兒童，應自行創辦或獎勵民間辦理下列兒童福利機構：(1)育幼院；(2)兒童緊急庇護所；(3)智能障礙兒童教養院；(4)傷殘兒童重建院；(5)發展遲緩兒童早期療育中心；(6)兒童心理衛生中心；(7)其他兒童教養處所。對於未婚懷孕或分娩而遭遇困境之婦、嬰，應專設收容教養機構。

　　因此，直轄市及各縣市據以訂定的兒童教養機構相關法規，也呈現多元發展。以臺北市為例，臺北市兒童福利機構設置標準與設立自治條例第 5 條即明確規定：兒童安置機構，指提供兒童長期或短期居住、教養及生活照顧之機構，包括育幼院、緊急庇護所、中途之家、教養院、重建院及其他安置處所。

　　至於機構教養的目的，常因其服務對象不同而異。以下略述之：

1. 育幼院的目的

　　是專門針對貧苦無依、被遺棄、或家庭發生重大變故的兒童，提供收容安置及教養。現代的育幼院多採家庭式機構教養（cottage plan），使院童獲得家庭般的親情和照顧，從而促進身心正常發展。

2. 兒童緊急庇護所的目的

　　主要在提供被虐待、遭遺棄或因「兒童及少年性交易防制條例」規定而受害兒童的暫時性收容安置，以便及時發揮庇護功能，並安排後送機構或後續服務。

3. 兒童中途之家的目的

　　對於涉及性交易、藥癮、犯罪案件或遭遇困難的兒童及少年，提供暫時性的住宿及輔導，以協助其度過難關，適應社會生活。

4. 兒童教養院的目的

　　對於智能障礙者加以收容安養，並提供特殊教育、生活自理及職業訓練，以協助其自立自強。

5.兒童重建院的目的

對於視覺障礙、聽覺障礙、肢體障礙等類兒童，提供機構安置、醫療復健，以重建其身體機能，達到殘而不廢之目的。

質言之，機構教養的共同目的乃透過安置、養育及教育，協助兒童身心健全發展。

二 機構教養服務的對象

一般而言，機構教養的服務對象是「不能」或「不宜」生活於原生家庭的兒童。譬如棄嬰及無依兒童，沒有原生家庭，必須由機構收容安養；遭受家庭暴力或父母罹患嚴重疾病而無力照顧的兒童，則不適宜再生活於原生家庭，而必須先安置在替代性的機構中，加以保護、教養和其他必要服務。

當然，特定的兒童教養機構也有其特定的服務對象，譬如兒童教養院係以智能障礙兒童為對象，兒童重建院則以視覺、聽覺、肢體等類障礙的兒童為對象。不過，當前的兒童教養機構有走向綜合性多元服務的趨勢，所以此處僅能舉例說明，以見一斑。以下就內政部中區兒童之家的情況，提出其服務對象，包括：

1.違反兒童及少年福利與權益保障法有關規定情事者。

2.父母雙亡者。

3.父母雙方或負教養責任之單親家庭有以下情事之一者：年滿65歲者、患有精神病者、罹患重病需長期治療者、殘障無工作能力者、經刑事判決確定在執行中者、管教不當或嚴重疏忽教養者。

4.登記有案之低收入戶兒童。

5.流浪無依或被遺棄者。

6.家庭遭遇緊急事故，無力照顧者。

7.肢體障礙或智能不足者。

三　機構教養服務的內容

基本上，兒童教養機構的服務內容，雖因機構類別不同而有不同的重點，例如兒童教養院著重保育及教育，兒童重建院則著重醫療復健。然而，現代的兒童安置機構，大多包含多方面的服務內容，以回應社會多元的需求：

1.生活照顧

短期或長期的收容安置，並給予日常生活的照顧。

2.保健服務

對一般院童策劃及推行衛生保健服務，對身心障礙院童依其需要分別安排物理治療、語言治療、肢體復健等醫療服務。

3.心理及行為輔導

由社會工作者及輔導人員為院童實施心理治療、生活輔導及行為矯正，以促其身心健全發展。

4.就學輔導

安排院童進入當地國民中小學或特殊學校就讀，或者在院內施予特殊教育，並適時提供個別的課業輔導、升學輔導、就業輔導。至於障礙院童則由專業人員實施生活自理訓練及技能訓練。

5.家庭輔導

如果院童有原生家庭,則協助院童與家庭維持聯繫,改善家庭關係,促使原生家庭恢復家庭功能,讓院童得以早日返家過正常生活。

6.追蹤輔導

如果將院童轉介至寄養家庭或收養家庭,則在轉介之後實施一段時間的追蹤輔導,以確保兒童能夠得到良好的照顧。

7.其他必要服務

譬如轉介服務、諮詢服務、附設托嬰中心提供日間托育服務、接受委託代管院童撫卹金、保險金等。

平心而論,對於兒童安置服務,以育幼院的起步最早,也是最重要的福利服務項目之一。但近年來臺灣地區社會環境改變,生活品質提升,貧苦無依的兒童逐年減少,兒童保護個案及偏差行為者則相對增多,所以育幼院已由以往慈善救濟型態的收容模式,轉型為配合兒童保護個案的長期安置服務。因此,當前的育幼院已擴大其服務範圍,包括兒童及家庭諮詢、兒童保護、兒童日間托育、兒童早期療育等多元服務。另一方面,為因應家庭結構變遷的需求,又產生許多新興的兒童教養機構,包括兒童緊急庇護中心、兒童中途之家、兒童教養院、兒童重建院等。

但無論何類兒童安置機構,除少數設備齊全,教養工作尚有可觀者外,大部分仍囿於經費與專業人員的缺乏,未能引進現代化的教養措施,針對兒童需求,提供個案管理服務,亟須從兒童的衛生、教育、福利等方面,作通盤的規劃與改進。

第
10
章

保護性的兒童福利服務

　　保護性兒童福利服務，是對遭受虐待的兒童加以保護。這項服務涉及兩個關鍵名詞：兒童虐待（child abuse）與兒童保護服務（child protective service, CPS）。

　　「兒童虐待」（child abuse），是指應負起養育下一代的成人，對孩童採取不適當的行為或態度（齋藤學，2000）。其中，英文的「abuse」，除了虐待之外，還有惡用、惡罵、惡瞥之意，所以兒童虐待擴大解釋即為兒童惡待（child maltreatment），包括因疏忽而造成兒童身心傷害。

　　至於兒童保護服務的意義，依據美國人道協會兒童部門（The Children's Division of the American Humane Association）的解釋，是針對受虐待、疏忽、剝奪或拒絕的兒童提供服務，服務的性質以預防性和非懲罰性為主，透過對潛在動機因素的鑑定及處置，以期達到復健的目標（Kadushin & Martin, 1988）。

　　當然，兒童虐待與兒童保護服務兩者密不可分。一般而言，兒童保護服務就是對於遭受身體虐待（physical abuse）、性虐待（sexual abuse）、心理虐待（psychological abuse）、疏忽（neglect）等類兒童提供保護措施。

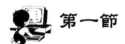 第一節

兒童身體虐待的保護

　　近年來，由於工業化與都市化的衝擊，家庭結構趨向於核心化和單親化，父母常因忙於工作而疏於照顧子女，甚至因為工作壓力或婚姻衝突而發生虐待子女的情事。

　　在各類兒童虐待之中，身體虐待是普遍受到關注的一種。根據美國兒童虐待與疏忽中心（The National Center on Child Abuse and Neglect, 1995）的

統計，美國每年約一百萬件的兒童虐待案例中，約 24%是身體虐待。
1993 年臺灣地區兒童少年保護專線接案類型中，身體虐待約占 28.7%
（余漢儀，1997）。所以，無論中外，兒童保護都首重身體虐待的保護。

一 兒童身體虐待的意義

　　兒童身體虐待（child physical abuse）是指對兒童身體的攻擊行為或
攻擊受害者身體的行為型態（彭淑華等譯，1999）。

　　然而，兒童身體虐待有時與父母基於管教而施以懲戒，兩者之間的
界線並不十分清楚。大致上，各國幾乎都賦予父母對年幼子女有某種懲
戒權，但是任何一種身體的攻擊，如果變成一種有害的行為型態，或形
成相當嚴重的傷害時，就被視為身體虐待。例如，為懲罰孩子偷吃糖
果，而用老虎鉗將孩子的牙齒拔掉一顆以示警告，這不是管教，而是虐
待。

　　此外，兒童身體受到傷害也不一定就是虐待，因為兒童身體虐待的
界定不能忽略文化的因素，例如在東南亞國家，父母用加熱的硬幣在兒
童身上「刮痧」（coin rubbing）也會造成瘀傷，但這是一種民俗療法，
與兒童被生氣的父母毆打而瘀傷不同（王明仁，1996）。

二 兒童身體虐待的保護對象

　　依據美國「兒童虐待防治法」（Child Abuse Prevention and Treatment
Act）的規定，兒童遭受照顧者施予身體上的傷害或虐待，使兒童的健
康和福利受到損害或威脅，應由兒童保護機構提供保護。我國「兒童
及少年福利與權益保障法」第 49 條亦規定，任何人對於兒童及少年不
得有身心虐待的行為。

　　兒童身體遭受傷害的主要類型，依其嚴重性（彭淑華等譯，1999）包括有：

1. 頭部傷害

　　兒童的頭部受到施虐者強烈搖晃或碰撞某種東西，常會出現頭部外傷、腫脹、瘀傷、流血、抽筋，甚至腦震盪、呼吸困難、死亡。

2. 內臟傷害

　　施虐者對兒童的胸部和腹部拳打腳踢，可能造成胸部和腹部的傷害，尤其肝藏位在身體前面，比較容易受到傷害，如果延遲就醫，後果堪虞。

3. 骨骼傷害

　　通常辨認兒童身體虐待的重要指標之一，就是痊癒程度不一的複合性骨折。骨骼受傷雖然不致於導致死亡，但是骨傷常伴隨著嚴重的兒童身體虐待。

4. 皮膚燒燙傷

　　根據史克柔（Scalzo, 1994）的研究，最常見與兒童身體虐待有關的燒燙傷，是用熱水燙傷，或強將兒童的身體接觸爐子和燒熱的鐵器。他並指出虐待燒傷與意外燒傷的特徵是不同的，虐待所形成的燒傷常會有清楚的傷害形狀，其中最常見的是長襪和手套狀燒傷（stocking and mitten burns），就是故意將兒童的手或腳放入熱水中，產生像手套和長襪形狀的燒傷。

　　此外，被施虐者毆打眼部造成視網膜出血，用棍棒、皮帶鞭打造成

瘀傷，用繩子捆綁造成明顯的傷痕，也是判斷兒童身體虐待的指標。事實上，兒童身體虐待的各種不同類型，常形成一種相連結的光譜，由捏→擠壓→推→搖→逼迫→拘禁→丟東西→骨折→內傷→拒絕醫療照顧→使用武器→使無能力→損傷外形→傷殘→謀殺（彭淑華等譯，1999）。

三　兒童身體虐待的保護措施

　　身體虐待是兒童保護的核心工作，一般是由兒童保護機構的專業工作者針對受虐兒童及其家庭提供直接服務。

　　兒童保護機構的工作者在接受兒虐事件舉發或通報之後，必須加以查證，以確定訊息的真實性，並評估導致身體虐待的內在及外在因素。然後依其危險程度研擬相關的輔導安置方案：輕者，可直接要求兒童的家庭與輔導單位配合；重者，必須給予暫時或永久安置。具體言之，對身體虐待兒童的保護包括四種方案（江玉龍，1990；萬育維，1996）：

1. 緊急處置方案（emergency response）

　　兒童福利機構設置 24 小時的兒童保護專線，受理兒童虐待案件的舉發或通報，受案後進行實地調查，以瞭解受虐情況。如果情況嚴重，立即會同警察處理，將受虐兒童送至兒童緊急庇護中心，並依法定程序向法院提出保護性訴訟。如果兒童受虐情況並不嚴重，則採取下一個服務方案。

2. 家庭維護方案（family maintenance program）

　　兒童福利的基本原則在維護家庭生活圓滿，使兒童人格得以正常發展，所以當兒童身體虐待並不嚴重時，則讓兒童留在原生家庭，並由兒童保護人員提供應急之保護措施，以預防、矯正或治療該家庭之身體虐

待事故。家庭維護方案的服務期間通常以 6 個月為限，服務內容包括：⑴危機診斷和處理；⑵諮商服務；⑶預防性親職教育；⑷家事教導與示範；⑸短期在宅服務。如果家庭維護方案無法達到預期效果，則再轉入下一個服務方案。

3. 家庭重建方案（family reunification program）

當兒童保護人員確定受虐兒童不能在原生家庭得到安全的生活，則將受虐兒童帶離家庭，送到緊急庇護中心或安排寄養家庭，暫時剝奪父母的「親權」及「監護權」，同時對施虐者提供治療及重建服務，以改變其「病態」行為，而能夠正常地教養其子女。家庭重建方案的服務期間通常以一年為限，必要時經法院核准可以延長半年，其服務內容包括：⑴緊急庇護；⑵心理輔導；⑶為施虐父母提供親職教育；⑷安排兒童中途之家；⑸家務服務。如果家庭重建方案仍不能收效時，則案件轉入永久安置服務。

4. 永久安置方案（permanent placement program）

如果兒童身體虐待的案情嚴重到不可能再返回原生家庭時，則兒童福利機構有責任為兒童提供一個永久安置的處所，包括送人領養（adoption）、由親戚朋友合法監護（legal guardianship）、長期寄養或機構教養（long-term foster care）。在安置受虐兒童時應注意下列事項：⑴儘可能安排與兒童有關者同住，包括監護人及親友的家；⑵儘可能靠近兒童的原生家庭；⑶如果兒童之兄弟姊妹亦為受保護者，則儘可能將他們安置在同一處所；⑷如受保護之兒童是身心障礙者，則安置處所之選擇應顧及其特殊需要。

對於以上四種保護方案，經常涉及一個爭議性問題，即「維護家庭

完整」相對於「保護兒童安全」何者應該優先？支持家庭維護取向的一方，強調無論我們做什麼都應該要試著去維持家庭成員在一起。他們認為家庭維護比家外照顧的花費較少、長期安置常須經過冗長的程序、好的替代性家庭可遇不可求、孩子有時必須在不同的寄養家庭轉來轉去會使問題愈發嚴重。至於支持兒童安全取向的一方，則強調無論我們怎麼做都必須確定兒童是安全的。他們認為將兒童留在使他再三遭受痛苦的家庭可能加深潛在風險、照顧者被告發後可能加重其對兒童的傷害、除了發展關鍵期（4至10歲間）的孩子之外有時並不需要親生父母的依附關係、有些孩子等到家庭失功能才安排家外照顧已嫌太晚、早些安置有助於兒童獲得良好的發展（王明仁等譯，1996；彭淑華等譯，1999）。無論如何，兩方的努力都是為了協助受虐兒童，希望為他們爭取最佳利益，讓他們有一個較好的生活環境。

 第二節

兒童性虐待的保護

兒童性虐待是兒童虐待方式中對兒童身心發展摧殘最嚴重，影響也最深遠的一種創傷。然而礙於自尊、羞恥、家醜不可外揚等因素，兒童性虐待向來是一種隱密的行為，難以瞭解。

但從婦女運動以來，性別平等成為社會議題，兒童性虐待乃由禁忌變成大眾及專業團體關注的焦點。

一 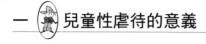 兒童性虐待的意義

我們知道遭受性虐待的兒童除非到最後不得已，否則是不會揭露出

來的，而施虐者更是鮮少承認的，所以兒童性虐待（child sexual abuse）
的意義是不易界定的。

　　依據內政部性侵害防治委員會（今併入衛生福利部保護服務司）的
解釋，任何大人與少年或兒童間不正當的性接觸，稱為兒童性虐待（內
政部性侵害防治委員會，2001）。但是有人認為只要成人與孩子性接觸，
無論正當或不正當。均可定義為兒童性虐待，因為兒童不能分辨性接觸
這件事是正當或不正當，當孩子被欺騙去「配合」（cooperating）性的
接觸時，事實上孩子不可能真正同意（consent）這樣的行為（Kemp, 1998；
彭淑華等譯，1999）。

　　美國性虐待領域公認的權威之一，芬克羅（Finkelhor, 1979）和他的
同事曾經發展出一套界定兒童性虐待的標準，認為任何性接觸如果發生
在：⑴ 12 歲以下的兒童與長其 5 歲的成人之間；⑵ 13 歲或年齡更大的
青少年與大其至少 10 歲的成人之間，這種行為就可以界定為兒童性虐待。

　　據此可知，18 歲以下青少年也可能對比他年幼的兒童性虐待。但是
年齡相仿的兒童所從事自願性的性探索，通常是好玩的成分，不被列為
性虐待（Gil & Johnson, 1993）。

二　兒童性虐待的保護對象

　　兒童性虐待是以兒童為對象的一種性虐待，因此凡是遭受他人施以
性虐待的兒童，都是兒童保護服務的對象。

　　以兒童保護的立場而言，瞭解兒童性虐待的施虐者，將有助於選定
適當的保護措施。是以此處乃依不同的施虐者來分析兒童性虐待的保護
對象，包括：

1.被家族內性虐待的兒童

施虐者是兒童的父母或親人，例如親生父母、繼父母、兄姊、堂表兄姊、祖父母、伯叔姑姨等親戚，都是兒童認識的人。這種近親的性虐待，是一種亂倫（incest），可能在暴力脅迫下，也可能在非暴力的情形下，甚至是溫和的、詭計的、騙局的及秘密的情形下發生（王明仁等譯，1996）。對於這類因長輩亂倫而受害的兒童，是否帶離家庭另行安置，常陷於情境兩難。

2.被家族外性虐待的兒童

施虐者是兒童的父母或親人以外的第三者，包括兒童認識的朋友、保母、學校老師，以及不認識的陌生人。這種家族外的性虐待（extra-familial abuse），也可以界定為性侵害（sexual offend），是一種犯罪行為，常須透過法院程序將施虐者繩之以法，以確保兒童安全。兒童如果受到陌生人施以性虐待，會呈現極端的焦慮、激動、夢魘、害怕受到另一次嚴重的襲擊等症狀（王明仁等譯，1996），應予適當的處置。

3.被色情業者虐待的兒童

施虐者是不法的色情業者，他們非法利用兒童從事有關色情的商業活動，包括利用兒童拍攝色情圖片、電影、錄影帶，甚至利用兒童充當娼妓。這種色情業者對於兒童施以性的非法利用，也可以界定為性剝削（sexual exploitation），為法律所禁止，必須依法處置和保護。

事實上，無論對兒童性侵害或性剝削，都屬於兒童性虐待的範圍。同時兒童性虐待的型態，也常形成一種相連結的光譜，由非身體接觸的性虐待（猥褻→暴露→拍攝裸照→色情表演）到身體接觸的性虐待（撫

摸性器官→真實的性接觸→強暴的性接觸→變態式的性虐待）。

三 🐾 兒童性虐待的保護措施

　　芬克羅（Finkelhor）曾提出發生兒童性虐待的四個要件：(1)一個人
呈現對兒童施以性虐待的動機；(2)抑制性慾望的內在因素消失（如服用
酒精、藥物）；(3)抑制性慾望的外在因素消失（如父母不在或處於家庭
以外場所）；(4)兒童無法抗拒（如智能障礙、被脅迫）（王明仁等譯，
1996）。

　　有鑑於此，兒童性虐待的處置有些地方不同於其他類型的虐待，例
如將受虐者轉至醫療治療是必要的，而社區的支持對於發生兒童性虐待
的危機有防範作用。以下是主要保護措施：

1.責任報告及查訪

　　立即報告及查訪是兒童保護的第一步，兒童保護有關人員如社工人
員、保育人員、教育人員、醫生、護士、警察、司法人員及其他執行兒
童福利業務人員，知悉兒童有被性虐待情事，應在 24 小時內向主管機
關報告，此即責任報告制（mandatory reporting）。兒童福利人員發現或
接獲通報後，應進行調查訪談，以確定受虐情況。訪談最好在不受干擾
的情況進行，必要時可以運用雙面鏡（two-way mirrors）、人形實體娃
娃、人體線條畫、玩具或遊戲工具作為輔助，並將訪談過程錄影存證，
以保護兒童不必一再重述受虐經過而造成二次傷害，並可提供醫院治療
及法院訴訟的依據。

2.法院裁決之配合

　　法院訴訟也是兒童保護工作之一，因為法院在為兒童爭取最佳利益

上擁有最大的權力。所以，兒童福利人員查訪之後，如果發現兒童遭受嚴重的性虐待，除將受虐兒童緊急庇護外，對於已觸犯法律規定的施虐者，應檢具調查報告及相關資料或證據，提供司法單位裁決之參考。一旦法院對性虐待案件作成裁決，兒童保護人員即應配合執行必要的保護措施。

3.轉介到治療機構

如果兒童受到嚴重的性虐待且有特殊的傷害，兒童福利機構的工作人員為保護兒童身心安全，應該立即將其轉介至醫療單位接受生理及心理的治療。其中，生理治療先做身體檢查，療傷止痛，並避免可能的懷孕；心理治療則撫平受虐兒童焦慮、激動、驚嚇、恐懼、沮喪、罪惡感及無助的情緒，使其面對現實，回歸平靜的生活。

4.安排暫時性照顧

依兒童受虐情況，做適當的安置。如果施虐者已遷離家庭，或兒童是被不住在家裡的陌生人所虐待，則須將兒童送回家。假使家庭環境不安全，則宜安排供暫時性照顧（temporary care），譬如親戚家庭、寄養家庭、兒童安置機構，或者繼續留在兒童緊急庇護所一段時間。

5.兒童及家庭服務

兒童性虐待對於兒童和家庭都是一種創傷，所以兒童安置之後仍須對兒童及其家庭提供建設性的服務。對於父母，可實施親職教育或性虐待防治的課程，傳授其照顧子女的方法；對於兒童，可安排個案會談或成長團體，教導他如何保護自己的安全，增強抗拒施虐的能力，以減少再受到性虐待的風險。

6.社區支持方案

　　雖然不是所有的兒童性虐待都發生在家中，但美國的經驗卻有高達
60%以上的施虐者是性受虐者所認識的（Finkelhor et al., 1990）。 因此，
除了保護兒童本身之外，還須結合社區資源的力量，共同遏止性虐待的
侵害者。譬如勤勉的觀護服務、機動的社區互助體系，對於協助治療施
虐者及預防性虐待案件的發生，都有正面功能（李宗派，1990）。

　　長久以來，兒童性虐待是一個隱藏的問題。現在性虐待已逐漸被認
識且公開化。但是有關兒童性虐待的基礎知識仍然不足，統計資料也不
完整，診斷、處置和保護服務也不如我們的期待。今後必須加強這個特
殊領域的專業訓練，以較科學的方式進行評估和服務，而不是依賴自己
或別人的經驗。質言之，兒童性虐待是一個複雜的問題，不是單一的方
式可以處置成功或預防的，而須以兒童與家庭的反應，運用適當的保護
措施。

 第三節

兒童心理虐待的保護

　　兒童心理專家一直認為心理虐待是所有兒童虐待的本源，因為在兒
童遭受身體虐待或性虐待之前，幾乎都先遭受了某種程度的心理虐待。
奈何，在心裡面發生的事，是不容易觀察得到的，尤其要去觀察家庭隱
私中相當細微而且不是正在進行的心理虐待更是困難。

　　即便如此，兒童時常受到心理虐待，是一種既存的事實，而且心理
虐待會嚴重影響兒童在認知和社會關係上的發展，所以近年來已逐漸引

起兒童福利專業團體的關切。

一 ⬭ 兒童心理虐待的意義

界定心理虐待並不是一件容易的事，況且專家學者對此還未有共識，在名詞上，就有心理虐待（psychologicol abuse）、情緒虐待（emotional abuse）、精神虐待（mental abuse）、心理惡待（psychological maltreatment）等不同用語，有時還包括心理疏忽（psychological neglect）、情緒暴力（emotional assault）、情緒疏忽（emotional neglect）等（Dean, 1979；余漢儀，1997；Kemp, 1998；彭淑華等譯，1999）。

其中，心理虐待與情緒虐待兩個名詞經常交互使用，甚至並稱情緒／心理虐待（emotional / psychological abuse），而精神虐待的「mental」亦可譯為「心理」（如 mental health 譯為心理衛生），是以此處統一使用「心理虐待」一詞。

對於心理虐待的解釋，國際兒童虐待常任委員會（International Standing Committee on Child Abuse, ISCCA）指出：在進行心理虐待分類時，是不包括其他形式的虐待及疏忽在內的，而是因養育的行為及言語，造成兒童的不安、威脅感、憂慮、無表情、攻擊性、壞習慣等症狀（齋藤學，2000）。

肯普（Kemp, 1998）則認為心理虐待是一種成人對兒童所行使的行為，它會造成或者可能造成兒童心靈上的傷害。會造成傷害是心理惡待的一種積極型態，因為成人的虐待常使兒童無法得到他或她的精神需要。

兒童心理虐待不像其他虐待的類型可能發生在單一事件中，輕而易舉地把行為界定為虐待。通常，界定心理虐待必須有一特定的行為模式，包括：常發生、夠嚴重、對兒童心理造成相當長時間的負面影響。正如哈特等人（Hart et al., 1996）檢視這方面的專業見解後指出：心理虐

待的定義是指高度心理傷害的嚴重形式（彭淑華等譯，1999）。

二 兒童心理虐待的保護對象

本質上，心理虐待否定了兒童的心理需求，或者妨礙了兒童滿足其心理需求的努力，以致兒童的心理發展受到打擊，可能變成嚴重的適應不良。

發展心理學家告訴我們，兒童在不同的發展階段，有其不同的發展任務。例如艾力克森（Erik Erikson）認為嬰兒期是發展信任或不信任，幼兒期是發展自主或怕羞，學齡期是發展勤奮或自卑，青春期是發展性別認同或角色混淆。這四個基本發展時期，與心理虐待有互動的關係，可以據此探討兒童心理虐待的保護對象，分別是：

1. 被心理虐待的嬰兒

在 1 到 2 歲間的嬰兒期，小孩完全依賴成人的照顧，嬰兒對外在環境是陌生的，他對外界的判斷只能依靠他對別人的評估。如果此時受到心理虐待，譬如因肚子餓或尿濕而一直啼哭，父母卻拒絕理會或露出憤怒的眼神大聲責備：「不要哭，煩死了」，則嬰兒在恐懼和不安的情況下，會發展出一種不信任感。

2. 被心理虐待的幼兒

大約 2 歲到 4、5 歲間的幼兒，開始處理自己的生理需求，譬如學會跑步、抓握和控制大小便等。如果一個 3 歲的幼兒睡覺時尿床，被父母輕視、嘲笑是「沒有用，這麼大了還尿床」、「有誰會愛像你這樣差勁的小孩」，則可能產生羞愧、缺乏自信、有罪惡感的心理。

3.被心理虐待的學童

大約 6 到 12 歲的兒童開始進入學校、進入社區，和許多不認識的小孩和成人在一起，也開始學習扮演各種角色，體會合群的重要。在此時期，如果小孩的努力遭受別人否定或侮辱，譬如成績不如人還被父母說：「你簡直比豬還笨」、「為了你，我一直在忍耐」，則孩子所得到的訊息是沒有生存意義，因而產生自卑和恐懼感。

4.被心理虐待的青少年

大約 12 歲到 18 歲之間，是兒童蛻變為成人的轉型期，身心發生極大的轉變。此一時期的孩子特別關心別人對其身分的認同，如果得不到認同，譬如父母一發生衝突就遷怒、責怪孩子：「如果沒有生你，我早就離婚了」、「如果沒有你的話……」，則孩子會以為「父母的不幸都是我的錯」、「我被遺棄了」，因而迷失在緊張和無助之中，產生角色混淆的危機。

上面所提及父母或其他成人以語言或行為加諸於兒童的心理虐待，都可能出現在各個不同發展時期的兒童身上，而且兒童心理虐待的方式也不斷地在擴張。目前，有關兒童心理虐待的種類包括：輕視（degraded）或貶抑（devalued）、恐嚇（terrorized）、拒絕（rejecting）、孤立（isolation）、墮落（corrupting，如餵食酒精、毒品或強化其不符社會規範的行為）、剝削（exploiting）、拒絕基本的情感回應（denying essential stimulation），以及不可靠和不協調的父母照顧（余漢儀，1997；彭淑華等譯，1999）。

三 兒童心理虐待的保護措施

　　兒童心理虐待是眾多虐待型態之一種，但它不像兒童性虐待經常牽涉犯罪問題，必須透過法院程序給予保護；也不像兒童身體虐待可能有生命危險，必須緊急庇護或緊急處置。然而，基於兒童權利，對於任何型態的心理虐待，都應設法加以保護或預防，這是兒童福利機構及專業人員的職責。

　　因為心理虐待對於不同發展時期的兒童，其所造成的負面影響不盡相同，所以我們不妨針對各類保護對象採取發展性的保護措施。

1. 嬰兒心理虐待的保護

　　對於 1、2 歲嬰兒被心理虐待之後的保護，似乎比較適合從他的父母著手，由兒童保護人員直接干預和提供親職教育，以幫助兒童的父母學習如何辨識嬰兒發出的訊號、如何停止孩子的哭聲、如何將焦慮、緊張的親子互動轉化為較放鬆、溫和的方式，在餵嬰兒之後，父母能安祥的抱抱孩子，和孩子玩玩。必須警覺的一點是：當父母認為嬰兒不乖、惹麻煩的時候，家訪者需避免對嬰兒讚賞，否則會使父母更加生氣（王明仁等譯，1996）。

2. 幼兒心理虐待的保護

　　對於 3 到 5 歲被心理虐待的幼兒，可以透過治療性的日托機構進行保護服務，或者轉介親子聯合治療。日托機構有助於減輕父母的親職負荷，降低幼兒再次成為出氣筒，同時在專業保育人員的照顧下，兒童的行為可能變得較容易管理及較能取悅於父母。如果幼兒因心理虐待而呈現嚴重的發展遲緩及社會、情緒方面的困擾，則應轉介至治療機構，並

爭取其父母的支持及參與,以便從治療中共同獲得成長和發展。

3.學童心理虐待的保護

對於 6 至 12 歲被心理虐待的學齡兒童,如果有嚴重的親子衝突,可以考慮短期的寄養安置,並對寄養家庭的照顧者提供諮商服務或專業訓練,使兒童獲得合理教養及情緒調適,並改善兒童與原生家庭的關係,及早讓父母高興地迎接孩子回家。如果寄養失敗,則轉介兒童與父母一起接受治療,可能是必要的。

4.青少年心理虐待的保護

對於青春期的青少年,如果他們被輕視、批判或其他型態的心理虐待,他們的自尊心可能非常薄弱,也少有經驗和動機去處理角色混淆的危機,所以安排同儕團體的支持方案,是一個值得考慮的措施。否則,長年的挫折及壓抑的情緒,可能導致加入幫派,甚至以犯罪或自殺的行為表達出來。如果青春期有嚴重的心理症候或分裂行為,則必須轉介心理治療。

早期發現,早期治療,這個原則同樣可以運用兒童心理虐待的保護上,因為在發展之初或較輕微的心理傷害即予改善,可以避免惡化或衍生其他虐待。然而,每一個兒童心理虐待都有其個別情況,所以保護或預防措施必須考慮兒童年齡、發展程度及心理症候的特質加以處置,讓他們能健康快樂的長大,成為一個有用的人。

 **第四節**

兒童疏忽的保護

　　兒童疏忽是全部兒童虐待案例中最普遍存在的一種。在臺灣地區，兒童及少年保護專線接案類型中，約26%屬於疏忽案件（余漢儀，1997）；在美國，在所有的報導中，疏忽的案件約占兒童虐待實際案例的一半，在49%至52%之間，其發生率約為兒童身體虐待的兩倍（NCCAN, 1995；彭淑華等譯，1999）。然而，兒童疏忽的問題似乎一直被疏忽，其可能的原因是疏忽一事缺乏戲劇性和駭人聽聞的情節，而我們通常較會去注意看得見的壞事，不易察覺遺落了什麼，所以兒童疏忽比較容易被疏忽，成為「疏忽中的疏忽」。

一　兒童疏忽的意義

　　「疏忽」（neglect）與「虐待」（abuse）應否分開討論，是一個爭議問題。在理論上，疏忽也是一種虐待，兩者經常相提並論，合稱兒童虐待與疏忽（child abuse & neglect）；在實務上的處置，則通常分開探討，虐待是指不該做而做了，疏忽是指應該做而未做。

　　但是，如何界定兒童照顧者該做卻未做的事？在兒童身上該發生卻未發生的事？似乎有些困難，因為目前缺乏一致性的定義。

　　依《據社會工作辭典》的解釋，兒童疏忽（child neglect）泛指父母或提供照顧者，無法負起照顧兒童之責任，例如未提供完整健全之兒童生理、心理、社會所需之資源。許多係由於社會因素導致的疏忽，不同於兒童虐待之故意性（蔡漢賢編，2000）。

美國德潘斐莉（DePanfilis, 1996）則強調兒童疏忽的定義必須具備三個基本要素：⑴牽涉到疏忽的行為更甚於直接傷害；⑵由父母或其他照顧者所致；⑶導致有傷害或有傷害之虞。

簡言之，對兒童負有照顧責任的人，未能提供兒童身心發展的基本需求，不論在什麼原因之下，兒童得不到滿足，就是兒童疏忽。

二 兒童疏忽的保護對象

兒童疏忽所涉及的範圍廣泛，類別紛雜。繆克爾（Munkel, 1994）將兒童疏忽分成四種基本類型，另外有關兒童疏忽的文獻也常將成長不良（growth failure）或發育不良症候群（failure to thrive syndrome）視為疏忽的一個類別（Helfer, 1987；Kemp, 1998；彭淑華等譯，1999；余漢儀，1997）。這五種兒童疏忽類型都需要保護：

1.與生長環境有關的事

主要是養育上的疏忽，例如不適當的居住場所、不適當的睡眠安排、不適當的衣著等有關家務處理的問題。

2.與危險環境有關的事

主要是安全上的疏忽，例如搭車未安置於安全座椅、未禁止進入危險的場所、危險物品未收拾妥當等有關安全保護的問題，以致造成兒童跌倒、車禍、被綁架、被強暴、燒傷、燙傷、溺水、中毒，甚至殘障或死亡。

3.與不適當的照顧標準有關的事

主要是保健上的疏忽，例如未提供足夠的食物、缺乏清潔衛生的飲

水、沒有替孩子規律的洗澡等有關個人保健的問題。其中,有一種情況稱為「替代性孟森氏症候群」(Munchausen syndrome by proxy),沒有醫生診斷,父母就深信孩子罹患某種慢性病,而使孩子不停的看醫生、服用不必要的藥物、接受不必要的檢驗或治療,因而危害孩子的健康。這種情形已經由醫療疏忽變成身體虐待了。

4.與兒童發展有關的事

主要是教育上的疏忽,例如忽略了孩子接受正式教育的機會、缺乏監督管教(lack of supervision),包括五種情況:(1)無成人照管小孩;(2)由不適宜的人照管小孩;(3)照顧的方式不適當;(4)孩子作出危險有害的行為未予禁止;(5)照管者對孩子的督導沒有取得協議(余漢儀,1995)。

5.發育不良症候群

主要是發育上的疏忽,例如,2、3歲的幼兒體重少於同年齡兒童理想體重的80%至85%,身高在特定的時間裡無法保持成長,運動性的發展延遲。這類兒童常是瘦弱的、有著大肚子、肌肉發育不良、偶爾會有發冷、蒼白和斑駁的皮膚,無力的時候像青蛙的姿勢(彭淑華等譯,1999)。

這五種兒童疏忽的情況,在我國「兒童及少年福利與權益保障法」已有相關條文規定要給予保護。例如,第 51 條規定父母、監護人或其他實際照顧兒童之人不得使兒童獨處於易生危險或傷害之環境,對於 6 歲以下兒童或需要特別看護之兒童及少年,不得使其獨處或由不適當之人代為照顧。

三 兒童疏忽的保護措施

兒童疏忽的原因，可能是兒童身上欠缺了某些事物，或父母身上欠缺了某些事物，抑或兩者皆是。因而對兒童疏忽的保護宜從兒童與父母著手，再擴及相關機構，其主要措施為：

1. 定期進行家訪

由兒童保護人員結合護理人員，定期到疏忽家庭訪視，不僅有人「監視」而減少孩子繼續被疏忽，而且可以當面和父母探討保健、營養、育兒等技巧或提供其他支持性服務，使其有適當照顧子女的能力。

2. 兒童安置方案

兒童疏忽雖較少立即性的危險，但是如果父母智能不足或精神疾病，則對兒童疏忽有極高的發生率和影響力。假若因此發生長期、持續性疏忽，即可以考慮採長期寄養的方式來達成保護作用，直到家庭重建或孩子長大到足以自謀生計為止。

3. 轉介醫療照護

有些父母患有嚴重的精神疾病、身體疾病、藥物上癮、酗酒等，無法與子女適切的互動，以致疏忽對子女的照顧養育，或者因狂信某種宗教而不給孩子動物性蛋白質、不准看醫生、禁止上學校，導致對兒童基本營養、醫療和教育需求的長期疏忽，則應轉介至醫療院所接受診治照護，以改善兒童疏忽的情況。

4.在宅延伸服務

由兒童福利機構訓練一批志工去協助那些不懂得如何為孩子準備飲食的家庭。這些志工可以帶著母親去商店，並協助她完成為小孩準備飲食的每一個步驟（王明仁等譯，1996）。這種在宅延伸服務（home extension service）也稱為合作推廣服務，還可以結合各種機構的志工，幫忙做一些雜事，以減少父母處理家事的壓力，也降低兒童疏忽的風險。

5.加強安全教育

協助兒童的家庭、幼兒園、托嬰中心、小學及兒童福利機構加強安全教育，包括人身安全、交通安全、居家安全、防災和食品衛生安全（含腸病毒預防）等五大兒童安全問題。當兒童具備了保護自己安全的能力，即使父母、機構、社會有所疏忽，兒童受害的情況也可望減輕。

以上有關兒童疏忽的保護措施，一方面在強化有利於保護的因素，另一方面在減少兒童被疏忽的危險因素，希望經由多方努力以維護兒童安全。事實上，其他類型兒童虐待的保護措施也是如此，因為兒童身體虐待、性虐待、心理虐待和疏忽之間是相互交錯的，甚至成為多重虐待（multiple abuse）。所以，我們可以歸納保護性兒童福利服務的共同原則，包括：(1)保護對象由家庭的虐待逐步擴及機構、社會的虐待與疏忽；(2)保護措施涵蓋兒童、父母（照顧者）、社區及政策倡導；(3)兒童安置方式的選擇，依序考量親戚寄養、家庭寄養、機構教養；(4)實施保護之外，不能忽略上游的預防工作，以及下游的治療處遇；(5)保護性服務必須配合支持性、補充性、替代性等福利服務。

第
11
章

主要國家的兒童福利

就兒童福利的起源與發展而言，英國是老牌的「福利國家」（welfare state），一向重視兒童福利；美國長時間定期召開「白宮兒童會議」（White House Conference），兒童福利制度相當完備；法國的出生率偏低，格外重視家庭支援及兒童照顧；瑞典是北歐福利國家的典型，由國家負起照顧兒童的主要責任；日本是東方工業先進國家，隨著經濟成長致力於兒童福利的促進。凡此，都值得我們加以探討，以擴充視野，並作為將來推展兒童福利的借鏡。

茲為便於比較，以下僅就主要國家有關兒童福利的政策取向、法規制度、服務措施等項略作分析：

 第一節

英國的兒童福利

英國（United Kingdom of Great Britain and Northern Ireland），位於北大西洋與北海之間，是西北歐的島嶼國家，面積 24 萬 4,100 平方公里（臺灣的 6.74 倍），2011 年口數 6,243 萬（臺灣的 2.78 倍），2013 年國內生產總值（國際匯率）人均 40,879 美元（臺灣的 1.86 倍）。

英國是世界上最早建立社會福利制度的國家，對於兒童福利的推展起步甚早。在 1601 年，伊麗莎白一世頒布「濟貧法」（The Elizabethan Poor Law），對於失依兒童的安置即有明確規定，並指定專人（overseers of the poor）負責，首開政府主辦兒童福利之先河。到了 1980 年代之後，英國在社會福利政策取向上雖然有所轉變，但政府與志願性團體對於兒童福利，仍有不俗的表現。

一 英國兒童福利的政策取向

　　英國的社會福利，大致可區分為五個發展階段：第一階段是傳統的慈善性社會福利，第二階段是放任主義的社會福利，第三階段是自由主義的社會福利，第四階段是福利國家的社會福利，第五階段是福利國家發展的轉折（詹火生等，1991）。

　　遠的姑且不說，以福利國家的發展而言，自從 1941 年英國大主教鄧普（William Temple）在《公民與教徒》（*Citizen and Churchman*）一書倡導「福利國家」（welfare state）的理念之後，促使英國政府在社會福利強調平等倫理和公共服務的提供。尤其根據 1942 年貝布里茲（William Beveridge）報告書所形成的社會政策，更主張以政府的角色去提供直接的服務。

　　1979 年，英國由保守黨黨魁柴契爾（Thatcher）擔任首相，並且連任三屆直到 1990 年下臺。柴契爾政府為了改善石油危機造成高度失業，導致經濟衰退的問題，乃大量縮減社會福利服務。因而政府在社會福利服務過程所扮演的角色，也由直接提供服務者，逐漸轉變為監督者，並鼓勵民間志願組織提供福利服務。許多英國人似已開始認真思量皮柯克（Peacock）早期的一句格言：「福利國家的真正目標是在於教導人們如何去擺脫它或在沒有它的情況下行事。」（The true object of the welfare state is to teach people how to do without it.）（Digby, 1989；引自楊瑩、詹火生，1994）

　　針對兒童福利政策，柴契爾曾於 1990 年在聯合國的演說中明白聲明：反對幼兒在家庭以外的地方成長（馮燕，1997）。1990 年梅傑（John Major）執政，仍持續原有政策；1997 年布萊爾的新工黨（New Labour）執政，但許多政策僅作小部分修正，其政策精神依然有著柴契爾主義的

內涵（賴兩陽，2001）。換言之，英國政府雖經數度政黨輪替，但是對於
兒童福利的政策取向變動不大，仍然認為國家只對「處於困境的兒童」
加以協助，家庭、企業及志願性組織亦應共同為兒童提供服務，此即福
利多元主義（welfare pluralism）的主張（楊瑩、詹火生，1994）。

二　英國兒童福利的法規制度

英國於 1989 年通過「兒童法案」（The Child Act），是有關兒童照
顧、養育及保護的重要法規（其要點已在第 2 章提及），強調照顧及教
養兒童是父母的基本任務，地方主管機關對於照顧兒童的家庭應提供廣
泛的幫助，並以謀求兒童的最佳利益為其目的。

後來，英國政府於 1998 年提出一個稱為「穩健開始」（Sure Start）
的方案，這是結合公私部門的兒童福利措施，呼籲父母合作為入學前的
幼兒及其家庭提供照顧服務，計畫的內容包括家庭訪視、提供育兒資
訊、成立高品質的學習與遊戲托育中心，並針對弱勢家庭的孩子提供一
些特殊的服務（馮燕，1999）。英國 2004 年「兒童法案」，對兒童保護
有一些策略性策施，包括：任命獨立的兒童專員、安排執行機構間的新
夥伴關係、地方兒童保護局在協調功能和基金上負更大責任、修訂兒童
服務的責信和檢查規定。並且，將兒童法案與義務教育結合，也在兒童
服務中納入兒童保健，藉以解決社會排除的問題。

在推動社會福利的行政體系方面，英國是由社會安全部（Department
of Social Security）掌管社會保險與社會救助，衛生部（Department of Hea-
lth）掌管衛生保健與醫療服務，地方政府的社會服務部門（Social Service
Departments of Local Councils）掌管各種福利服務。

具體言之，英國對於社會福利的分工，是由中央政府主管社會安全
與國民健康服務，地方政府則負責管理個人的社會服務（personal social

service）。其中，個人的社會服務是指協助老年人、身心障礙者、兒童、青少年及其家庭的福利服務，所以兒童福利服務係由地方政府負責推動。

「兒童法案」第 3 章就明文規定地方主管機關對兒童及其家庭所負之職責，包括認定需要協助之處於困境的兒童、協助兒童與其家庭保持聯絡、提供日間托育、說明整個協助的行政程序，以及其他相關法令中所規定的職責。

必須補充說明的是英國地方政府的組織，在英格蘭（England）、威爾斯（Wales）、蘇格蘭（Scotland）及北愛爾蘭（Northern Ireland）四地區各有其行政體系。因此，英國地方政府所提供的兒童福利服務，也常因區域之差異而略有出入。

此外，英國政府各級機構及專業人士都很重視兒童保護工作，曾於 1986 年擬訂一項中央訓練計畫，訓練保健訪問員、學校護士及地方機構社工人員，以便執行兒童法案。

三 英國兒童福利的服務措施

英國地方政府對於兒童及其家庭的福利措施，大致上是根據兒童法案的規定為基礎，再配合社會變遷及地區情況而提供適當的服務，包括：

1. 兒童津貼

包括普及的家庭津貼（family allowance）與低收入家庭兒童的家庭所得補助（family income supplement）兩種。凡居住在英國境內的國民，家中有二個以上之未成年子女者，自第二個子女起，開始領取兒童津貼；凡有專任工作的男性、寡婦、離婚者、被棄的妻子或未婚媽媽，其子女未滿 16 歲或 19 歲以下的學生，經調查符合低收入資格者，即可獲得家庭所得補助。另外，父母離婚或父親死亡的兒童，還可領取兒童特

別津貼。

2.托育服務

英國基於反對兒童在家庭以外地方成長的政策取向，政府所提供的托育服務相當有限，3歲以下的兒童大多數進入私人所興辦的托育機構，並由家長付費，5歲開始義務教育。私人的托育機構最普遍的是家庭托兒，地方政府會給予小額的補助。還有一些是企業附設托兒所，政府沒有補助（郭靜晃，1999）。

3.受虐待兒童的保護

依據兒童法案的規定，兒童受到嚴重傷害時，地方政府及兒童福利單位的人員有權申請緊急保護令（emergency order）、兒童評量令（child assessment order）、復元令（recovery order），藉以保護兒童安全，並進行適當協助；警察單位對於遭到危險的兒童，亦可提供「警察保護」（police protection），並得受託提供尋人服務，或轉介適當的安置。

4.寄養服務

英國對於無雙親或監護人、被遺棄或雙親無力撫養的兒童，地方政府機構提供住宿與照顧，但為考量兒童幸福及權益，優先考慮的服務措施是以家庭寄養為主，機構安置的人數已逐漸減少（江亮演，2012）。但是，在寄養之前，必須由專業社會工作者實地調查寄養家庭是否符合兒童的需要；寄養之後，並定期派員訪視。

5.收養服務

地方政府依法必須直接或透過志願組織提供收養服務。同時，地方政府有責任在兒童等待收養時，保障他們的福利；在收養行為發生的 3

個月內，由社會服務部門指定專業人員與收養人會談、調查相關環境，並向法院提出報告，以維護被收養兒童的權益。此外，戶籍註冊單位對於收養兒童的資料必須秘密保存，等兒童年滿 18 歲時始得將兒童出生資料告知養父母。

6.未婚媽媽及其子女的服務

有關未婚媽媽的服務，主要是由地方衛生機構對未婚媽媽提供免費的產前檢查及產後短期的照顧，同時由社會服務部門的社工人員，協助未婚媽媽及其子女獲得適當的安置，必要時指導她們辦理合法的收養手續。

綜觀英國的兒童福利，雖然屬於社會安全制度的一環，但其受英國社會重視的程度似乎比不上社會保險或社會救助，這可能與 1980 年代福利政策的轉折有關。無論如何，英國的兒童福利仍有幾項特色值得提出來：

(1)對於社會福利的職責，中央政府與地方政府分工明確，將兒童福利措施委由地方政府負責執行，可以因應英格蘭等四個地區的不同情況。

(2) 1989 年通過的兒童法案，對於兒童福利服務內容及其執行機構的權責，都有明確的規範，並能依規定逐一落實，堪稱近年來英國兒童福利的重要法典，也突顯英國傳統的民主法治精神。

(3)除針對貧苦兒童提供家庭所得補助外，實施普及式的兒童津貼制度，使兒童及其家庭的經濟生活獲得充分的保障。

(4)對於處於困境的兒童，分別提供家庭津貼、兒童保護、寄養及收養等服務，而且連結社會工作等相關專業服務，使兒童權益獲得更多保障。

(5)除政府機構提供法定的服務外，許多志願組織對兒童福利亦積極參與，尤其對於協助辦理托育服務及收養服務，貢獻良多。

第二節

美國的兒童福利

　　美國（United States of American）位於北美州，與加拿大為鄰，面積
936 萬 3,520 平方公里（臺灣的 258.73 倍），2014 年人口數 3 億 1,893 萬
（臺灣的 13.64 倍），2013 年國內生產總值（國際匯率）人均 52,839 美
元（臺灣的 2.40 倍）。

　　美國一向重視兒童福利，有「兒童天堂」之美譽。自 1909 年起，
美國總統定期親自主持白宮兒童會議（White House Conference）；1935
年通過並實施迄今的社會安全法（Social Security Act），在十項社會安
全計畫中，兒童福利就占了四項，包括失依兒童補助（aid to dependent
children, ADC，1996 年修正為 TANF）、婦幼保健服務（maternal and
child health service）、殘障兒童服務（services for crippled children）、一
般兒童福利服務（children welfare service），足見美國對兒童福利之重視。

　　近年來，在這個堅固的基礎上，美國的兒童福利蓬勃發展，經常被
其他國家引為典範。

一 美國兒童福利的政策取向

　　任何社會福利政策的形成，往往起源於它的時代背景與環境變遷的
需求上。在美國兒童福利政策的發展上，有幾項措施具有時代意義：

1. 白宮兒童會議

1909 年第一次白宮兒童會議，確認聯邦與各級政府對於兒童福利的

優先考量和責任承擔，也就是由政府主導兒童福利。

2.社會安全法案

1935 年社會安全法案的實施，除了使聯邦政府與各州政府建立合夥關係，以分擔社會福利責任外，並整合了兒童福利制度體系。

3.大社會計畫

1960 年代詹森總統（Lyndon B. Johnson）推動大社會計畫，針對兒童及少年建立了工作團（Job Corps）等各項方案。

4.兒童福利改革

1980 年國會通過「收養補助與兒童福利改革法案」（Adoptions Assistance and Child Welfare Reform Act），由於寄養照顧的成效不彰，促使兒童福利政策的保護層面逐漸確立了以「家庭」為主位的基本原則。

由此顯示，美國 1980 年代的兒童福利改革強調「家庭」取向，恰與 1909 年白宮會議以兒童的「自然家庭」（natural family）為保護養育兒童中心的基本精神，前後呼應，異曲同工（李欽湧，1995）。

盱衡近年發展，1992 年柯林頓總統（Bill Clinton）入主白宮之後，特別重視兒童照顧及發展問題，在 1997 年 4 月和 10 月分別召開幼兒照顧會議與幼兒發展會議，1998 年更提出有史以來最多的幼兒照顧經費，目標是讓每個家庭都能承擔幼兒照顧（馮燕，1999）。

至於 2001 年布希總統（George W. Bush）就任美國總統以後的政策取向，雖無明確資訊可供查證，但共和黨傳統上趨向於保守主義（conservatism）的意識型態。保守主義被政策分析學者稱為志願主義（voluntarism），其基本精神認為個人與家庭應全權負責照顧其本身的福祉，

且社會福利提供的目的，在恢復個人和家庭的自立能力，避免造成依賴
（馮燕，1997）。

　　因此，美國兒童福利的政策取向，長久以來強調以「家庭」為核
心，一切兒童福利服務措施，都盡其可能維護兒童家庭生活的圓滿，相
對的似乎較少家庭之外的托育或寄養。

二　美國兒童福利的法規制度

　　美國有關兒童福利服務的法規，除社會安全法案的基本規定之外，
通常會因應社會變遷與兒童需求，適時訂頒相關的法案作為執行的規範。

　　依據美國眾議院（U. S. House Representatives, 1990）的一項報告，直接
與兒童福利有關的法案，就有 127 項以上，可分為收入補助、營養、社
會服務、教育訓練、保健與住宅等六大類（蔡文輝，1995）。

　　美國兒童福利學者皮柯拉等人（Pecora, et al., 1992）曾擇要摘錄對兒
童福利服務有明確幫助的聯邦法案如表 11-1。

表 11-1　美國聯邦立法有關兒童福利法規選單

法案	年代	目的
社會安全法案第 4 款	1935	制定依賴家庭兒童補助（AFDC），提供現金補助給低收入家庭的兒童。
社會安全法案第 19 款修正案	1965	依據醫療補助方案，為合於收入規定的個人及家庭提供健康照顧。
兒童虐待預防及處遇法案	1974	補助各州對兒童虐待與疏忽加以預防及處遇，並提出報告。
少年審判及少年犯罪預防法案	1974	提供補助，促各州減少對未成年不必要的拘禁，並加以防治。
殘障兒童教育法案	1975	要求各州為殘障兒童提供支持性教育、社會服務、IEP、回歸主流。

印第安兒童福利法案	1978	加強遷移管理,為世居美國的兒童及家庭提供多樣化服務方式。
收養補助及兒童福利法案	1980	運用基金獎勵和手續上的改革,促進兒童安置的預防及永續計畫。
社會安全法案第20款修正案	1981	各州以聯邦基金,透過街區安排,提供多樣化的特別服務方案。
自主生活創新法案	1986	為收養照顧的青少年準備在社區獨立生活時提供基金補助。
家庭支持法案	1988	為低收入家庭財務補助制定新的措施,要求其須接受訓練及就業。
農家法案(Farm Bill)	1990	貧苦兒童食物券(food stamp)的再確認是此法案的一部分。
印第安兒童保護及家庭暴力預防法案	1991	每年撥款補助保留地種族實施兒童受虐個案之強制舉報及處置。
家庭保存與支持法案	1993	防治子女非必要性與其家庭分離,強調對兒童提供有品質的照顧及服務。
身心障礙兒童家庭支持法案	1994	提供身心障礙兒童必要的家庭支持。
收養及安全家庭法案	1997	強調兒童安全最重要,寄養照顧只是暫時性安全措施。
寄養照顧獨立法案	1999	責成各州政府提供更多補助,以幫助寄養照顧中的兒童。
兒童健康法案	2000	對多樣的兒童健康問題,提供研究與服務的經費補助。
家庭安全與穩定促進法	2001	擴大家庭支持服務、婚姻服務、藉以改善親子關係,協助發生兒童事件的家庭解決問題。
保護法案	2003	針對加害兒童的暴力犯罪,提供防治、調查、起訴的權力。
家庭機會法案	2004	提供低收入、身心障礙兒童的家庭能獲得必要的醫療補助。
國家兒童健康保險計畫法案	2009	授權2013年之前為此計畫增加經費。

資料來源:Pecora, et al., (1992), *The child welfare challenge*, pp.14-15. 並予補充。

此外，尚有1993年頒布的「家庭及醫療假法案」（Family and Medical Leave Act），以及1994年通過的「家庭增強法案」（Family reinforcement Act）等。其中，家庭及醫療假法案提供雙親家庭醫療假，如因分娩、養育幼兒或醫療照護所需，得有數週的短期休假（留職停薪），以照顧家庭；家庭增強法案嚴格執行離婚後父親對子女的經濟支持，並給予收養家庭減稅優待。

為了執行兒童福利相關法案，在美國是由聯邦政府提供經費補助與行政督導，並由州政府負實際執行之責。基本上，美國是一個地方分權的國家，舉凡與人群服務相關的事務，均由聯邦政府「衛生及人群服務部」（Department of Health and Human Services）統籌規劃，其下又分為兩個部門：公共衛生服務部門與人群服務部門。在人群服務部門之中設有「兒童家庭署」（Administration for Children and Families），其成立的宗旨在促進兒童、家庭及社區的經濟改善和社會福祉。

在兒童家庭署之下，則是「兒童、少年及家庭處」（Administration of Children, Youth and Families），內設四個局，分別掌理兒童福利相關業務（馮燕，1998）：

1. 兒童局（Children's Bureau）

負責兒童福利政策擬定，提供經費補助，協助州政府進行兒童福利服務方案的執行。

2. 托育局（Children Care Bureau）

撥款補助各州的低收入家庭，進行托育服務的研發及支援，以減輕家庭育兒負擔，增進托育品質。

3.家庭及少年局（Family and Youth Services Bureau）

對逃家少年提供緊急庇護，協助其發展獨立的能力；辦理教育宣導以預防逃家少女受到性侵害，並提供補助，讓社區、非營利組織辦理貧窮家庭少年的課後活動。

4.啟蒙局（Head Start Bureau）

針對低收入戶3至5歲兒童及其家庭，提供教育、營養和健康，以及社會和情緒發展等服務。

至於美國地方政府有關兒童福利的行政體系，雖因地方分權而各州有不同的設計，但近年來已逐漸配合聯邦體制，在人群服務處之下設兒童與家庭福利科（Division of Child and Family Welfare），並注重社會工作方法的運用，為兒童提供專業服務。

三 美國兒童福利的服務措施

當前美國的社會福利措施可分為四大類：人力資源發展（human resource development）、社會保險（social insurance）、現金收入支持（cash income support）及服務或實物代金計畫（programs that provide income in kind）（蔡文輝，1995）。其中，人力資源發展包括「啟蒙計畫」（Head Start），收入支持包括「依賴家庭臨時救助」（TANF），還有各種服務計畫，都與兒童福利服務措施息息相關，以下擇要說明：

1.依賴家庭兒童補助

TANF是1935年社會安全法通過以來普遍實施的一種福利，也是兒

童福利支出經費最多的一項措施。凡是年齡在 18 歲以下，因父親行蹤不明、死亡、長期離家、身心障礙或失業，以致得不到雙親撫養與照顧的兒童，均可獲得補助，唯各州有關補助的規定和金額並不相同。至於補助的方式，可直接將補助金發給失依兒童的家庭，或經由減免稅額達到津貼的目的。有些兒童及家庭也可以領取食物券（food stamp）、房屋津貼及離婚父母之兒童贍養費等補助項目。目前，請領依賴家庭兒童補助的對象，80%以上是女性持家的單親家庭。

2. 日間托育服務

美國對於低收入家庭的 3 歲以下幼兒，依「啟蒙計畫」之規定，必須提供托兒服務。一般而言，美國對 5 歲以下幼兒托育的方式，主要是親屬照顧，其次才是托兒所或家庭托育。其中，許多托兒所是由非營利組織（如教會）或私人（如企業）所興辦，家庭式的托育服務則由合格的保育人員在家庭中照顧 2、3 歲的幼兒，未規定須立案。但是地方政府對受托兒童的安全和托育品質相當關心，除了提供證照制度、經費補助及減稅措施之外，大部分的州每年都依據聯邦政府所訂「托育服務之品質與安全標準」（act for better child care services），對托兒所與立案的家庭托育中心進行評鑑及督導（Phillips, 1991；郭靜晃，1999）。

3. 兒童保護服務

兒童遭受虐待或疏忽的情況，近年來在美國有日益嚴重的趨勢。依據 1974 年通過的兒童虐待預防及處遇法案，每一州都有兒童保護的專門機構，一發現兒童遭到父母虐待，立即隔離父母，保護兒童至寄養家庭暫避危險，而父母也必須上法庭解釋，嚴重者可判牢刑（Lindser, 1994）。同時，在儘可能維護並保持家庭完整的原則下，兒童保護服務應提供緊急反應服務（emergency response）的預防措施。

4.寄養及收養服務

當兒童在感情上、行為上有問題,而家中無人照顧,公營與民營的社會服務機構皆能提供家庭寄養服務,並可區分為緊急性寄養、短期性寄養及長期性寄養等(Costin et al., 1991)。如果兒童的親生父母喪生或嚴重虐待的個案,無法由親生父母繼續撫養的兒童,可由社會服務機構提供收養服務。通常,對於收養家庭,必須經過社工人員調查與會談,以考評收養父母的年齡、動機、經濟狀況,並提示健康證明及品格證明。另外,如果安排機構教養,也要符合法律規定的程序,並以兒童福利為最優先的考量。

5.未婚或未成年父母及其家庭服務

此項服務是根據 1978 年通過的「青年健康服務、預防及照顧懷孕法案」,以預防青少年未婚懷孕,並協助青少年萬一未婚懷孕或生子時,能成為比較有效能的父母(Kadushin & Martin, 1988)。如果是未婚媽媽,則安置於未婚媽媽之家,並照顧其所生之子女。對其子女的安置方式,可由未婚媽媽自己照顧、由社會福利機構收容安養或由寄養家庭教養,悉依未婚媽媽的意願選擇其一。

此外,家庭個案服務、在宅服務、學校社會工作、身心障礙兒童服務、童工保護等,也是美國兒童福利服務的重要措施。

綜觀美國的兒童福利,有下列特色:

(1)美國一向缺乏明確的兒童福利政策,但大致上承襲清教徒教義反對依賴的傳統,強調家庭的自主功能,因而形成長久以來以「家庭」為主的政策取向。

(2)美國在政治上實施地方分權,聯邦政府僅負責兒童福利的規劃、

督導和經費補助,而兒童福利服務的實際執行則落在州政府身上。

(3)美國自 20 世紀之後,歷任總統都特別重視兒童福利,除每隔 10年定期親自召開兒童服務會議外,亦能傾力支持兒童福利相關法案的實施。

(4)美國是一個多元的社會,這種特質亦表現在兒童福利上,其具體作法是兒童福利結合營養、衛生、教育、司法等措施,並提供多樣化的服務,以滿足各類兒童的不同需要。

(5)美國近年來強調父親對兒童的責任,對依賴家庭兒童補助、單親家庭及未婚媽媽的服務,都依據家庭支持法案的規定,要求兒童的父親負起責任,即使花費大量的人力和財力也在所不惜,其目的是在建立一種負責的價值觀,並維護家庭功能。換言之,有工作能力的人就應該工作,有孩子的父母就應該負起養育責任。

 第三節

法國的兒童福利

法國 (French Republic) 位於西歐,與西班牙、德國、瑞士、義大利等國家為鄰,面積 55 萬 1,500 平方公里(臺灣的 15.24 倍),2014 年口數 6,392 萬(臺灣的 2.74 倍),2014 年國內生產總值(國際匯率)人均 45,123 美元(臺灣的 2.05 倍)。

法國是一個文化悠久但人口成長緩慢的國家。為鼓勵婦女多生育子女,對於家庭全力支持,對於兒童福利特別重視,尤其普及式的兒童津貼措施更是舉世聞名。

一 法國兒童福利的政策取向

如眾所知，法國最有名的古蹟是凡爾賽宮、羅浮宮、愛菲爾鐵塔、凱旋門和香榭大道，而最有名的產品則是香水、葡萄酒、時裝和美女。可能由於法國女郎愛美的天性，連帶影響結婚率和生育率，使法國一直有人口成長緩慢的隱憂。

為了鼓勵婦女結婚、生育、教養自己的子女，加上天主教國家強調家庭生活共同體的思想，促使法國的兒童福利著重在兩方面：一是對於養育兒童有困難的家庭，提供經濟上必要的協助；二是針對可能遭遇危險的兒童，提供適當的照顧。

其中，兒童家庭經濟補充方案的具體措施是提供兒童津貼，傳統上也稱為家庭津貼。這是法國在 1932 年率先實施的一種社會福利措施，起源於第一次世界大戰期間，雇主為因應工資高漲的壓力，採取兒童津貼方式使有小孩的家庭獲得補助，而不必提高工資。1994 年，實施鼓勵家庭生育的政策，對於 3 歲以下兒童，建立幼兒照顧系統，其中 48%的經費由政府贊助。

至於兒童照顧，則涵蓋托育服務、家庭寄養、機構教養、收養服務等，這些服務措施的項目與其他國家大同小異。

但是在政策上，無論兒童津貼或兒童照顧，法國政府都本其強調民主化的理念，採取普及提供的原則，也就是政府盡其所能為全部兒童及其家庭提供必要的服務。簡言之，「普及化」就是法國兒童福利的政策取向。

二　法國兒童福利的法規制度

法國在政治上實施共和國體制，一切施政講究民主化及法制化，有關兒童福利的措施，均建立在立法的基礎上，而且配合實際需要加以更新。

法國第一部有關兒童福利的法規，是 1811 年所制定的「棄子憲章」，用以規範棄嬰的合理處置。接著於 1889 年頒布實施「受虐兒童及棄嬰法」，對於不願意養育子女的父母，採取停止親權的處分，藉以保護孩子免被疏忽或虐待。1935 年及 1958 年，在法國總統所頒布的法令中，將教育觀點導入兒童保護之中，對於健康、安全及精神方面有危險顧慮的兒童，政府應提供教育服務加以導正。後來在 1970 年所制定的親權法規之中，又將 1889 年以來所制定的各種兒童福利法加以統整。

至於法國的各項兒童津貼，則自 1975 年起依據相關法規相繼創設。例如，1975 年實施特別教育津貼、1976 年實施單親津貼、1977 年實施家庭補助津貼、1985 年實施遺兒津貼、養育父母津貼、乳幼兒津貼、1986 年實施在宅兒童養育津貼（江亮演，2012）。2006 年，法國取消法律上對「合法兒童」與「非婚生子女」之間的差別待遇，藉以鼓勵婦女提高生育兒女的意願。

法國社會福利最高的主管機關是衛生及社會安全部（Ministry of Health and Social Affairs），在地方則為各縣政府的兒童福利處。1982 年法國通過地方自治法，在行政上逐步實施地方分權，連帶的將社會福利的權責轉移至縣的層級，有關兒童福利的業務，也隨之轉由縣政府管轄。例如原本由中央負責監護的失依兒童，也交由縣政府擔負監護之責。

三 法國兒童福利的服務措施

法國對於兒童所提供的福利措施，主要是針對育有子女的家庭提供各種支持性、補充性和替代性服務，包括：

1. 家庭津貼

法國政府為補充家庭養育子女的費用，普遍實施家庭津貼給養育第二個子女以上之家庭。對於家庭津貼的發放，與參加保險無關，也不須經過財力調查，只要有實際負擔養育子女的生活費用，無論親生子女或收養子女，甚至沒有親屬關係，都可領取家庭津貼，一直到子女屆滿義務教育年齡為止。此外，法國還有各式各樣的津貼十餘種，已如上述法規制度中所列舉。

2. 托育服務

法國為職業婦女之幼兒提供日間照顧服務的機構有三種：

(1)團體托兒所（creche collective）：母親因工作關係無法照顧子女時，可將兒童委由團體托兒所照顧，費用依父母所得高低，採差別負擔制，地方政府並予部分補助。

(2)家庭托育中心（creche familiale）：縣市村里或私人設置，由設置者僱用合格的保育媽媽，輔導若干保母在家照顧三個 6 歲以下兒童，收費亦視家庭收入而定。

(3)幼稚園（jardin denfants）：3 至 6 歲兒童上幼稚園，免繳學費。政府亦提供補助，鼓勵家長設立半官方的幼稚園。不過，幼稚園是由教育部門管轄，前面兩種托育機構則由衛生及社會安全部管轄。

依據 1981 年托育抵免稅額條例的規定，托育服務的提供者與需求

者均可獲得政府補助（Leprince, 1991；郭靜晃，1999）。換言之，法國政府以補助方式鼓勵托育機構向政府立案，而父母將兒童送至立案的托育機構，則其托育費用可以抵減稅額。雙管齊下，藉以提升托育機構的服務品質。

3. 寄養及收養服務

對於未滿 18 歲而有安置需要的兒童，一般處置方式是先設法安排寄養家庭，並由地方政府支給養父母津貼。至於收養，法國規定必須 6 個月以上的兒童才可辦理收養手續，收養者必須經過社會調查及精神病測驗，證實身心健全，並參加收養協會辦理之「收養問題及解決辦法」討論會，以確保被收養兒童之幸福生活。此外，法國政府還規定每一區至少有一所「團體之家」（Foyer d'accueil），為尚未找到長期安置的兒童提供暫時住宿的服務。

4. 母子短期保護所

由於單親家庭不斷增加，1990 年非婚生子女的人數占全體出生兒童的 30%，問題相當嚴重，為了支持並援助因照顧子女而無法工作的單親媽媽，尤其是未成年的未婚媽媽，法國特設置一種短期的母子保護所（maison maternelles），以防止年輕的單親媽媽將孩子遺棄。

法國的兒童福利服務措施，雖然不像其他國家項目繁多，但其發展過程卻也突顯許多獨到的特色，舉舉大者包括：

(1)在世界各國之中，率先實施家庭津貼制度，而且普遍發給，與其他國家以貧苦兒童家庭津貼為主的做法顯然不同。

(2)法國的兒童津貼多達十餘種，以因應兒童與家庭各種不同情況的需要，足見法國對於維護兒童家庭生活圓滿之重視。

(3)在政策上，採取經費補助及托育費抵稅方式，鼓勵托育機構立
案，以便加以監督管制，從而確保托育服務的品質，使兒童受益。

(4)有關托育機構的分類，托兒所以收托 3 歲以下幼兒為基準，幼稚
園則以收托 3 至 6 歲兒童為原則，並且分別隸屬衛生安全部與教育部管
轄，可以說是早期一種托教整合的典型。

(5)因應單親家庭及未婚媽媽的需求，提供短期的安置服務，可以補
充家庭功能之不足，並預防兒童被遺棄或被虐待，是落實兒童保護扎根
工作的具體措施。

第四節

瑞典的兒童福利

瑞典（Kingdom of Sweden）位於北歐，是挪威與芬蘭之間的一個國
家，面積 44 萬 9,964 平方公里（臺灣的 12.43 倍），2012 年人口數 951
萬（臺灣的 0.41 倍），2013 年國內生產總值（國際匯率）人均 57,297 美
元（臺灣的 2.60 倍）。

曾任瑞典商業部長，也是經濟學家麥德爾教授及其夫人（Professor
& Mrs, Gunnar Myrda1）曾於 1934 年出版《人口問題的危機》（*Crisis in
the population problem*）一書，指出瑞典人口有逐漸減少的潛在危機，因而
促使瑞典政府特別重視家庭及兒童福利措施。發展至今，瑞典仍然強調
兒童應由國家照顧。

一　瑞典兒童福利的政策取向

就人口數量而言，瑞典只是北歐一個小國家，但就社會福利而言，

瑞典可以稱得上是世界上少數福利大國之一。

　　瑞典在經濟制度上是採取混合式經濟政策與民主決策方式，一方面致力於提高就業率，以促進經濟發展，另一方面則以民生為念，認為照顧人民生活是國家的使命，提高國民福利水準是政府的責任。因此，從1985 年以來，瑞典的女性就業率一直維持在70%左右，即使有 7 歲以下小孩的婦女也有 80% 的就業率（馮燕，1997），相對的，瑞典政府為了保障就業婦女及其子女的權益，也將親職育嬰假（parental leave）及兒童的公共托育服務（public day care）等列入優先考量的福利措施。

　　當然，混合式的經濟政策既要重視經濟，也要兼顧福利，因而瑞典政府用於社會福利的經費，約占國內生產總額的 30%，國民繳納的稅金，約占所得收入的 40%，這兩項比率之高也是世界少見。瑞典政府就是利用這些充裕的經費，對於國民收入維持、醫療、教育、老人福利及兒童福利等措施，提供最低限度的保障（江亮演，2012）。

　　其中，兒童福利方面，就是本於國家照顧的政策取向，其目的在使每一國民從出生之後，均能在最適當的人生階段，完成所需的任務，適時接受教育、適時獲得職業，並能自主過生活。

二 瑞典兒童福利的法規制度

　　瑞典對於兒童福利措施，主要是透過立法，提供兒童照顧服務，並協助就業的母親。

　　1960 年，瑞典制定「兒童及少年福利法」（Child and Youth Welfare Act），規範受虐兒童及犯罪少年的強制性保護。1961 年，又頒布「兒童照顧法」（Child Care Act），規範學前兒童與學齡兒童的托育服務。後來，這兩項法案都併入 1982 年所訂頒實施的「社會服務法」（Social Service Act）。其中，第 12 條是有關兒童及青少年照顧，第 25 條是對

於兒童及青少年保護的特別規定。

　　在瑞典，兒童福利的主管機關是中央社會事務部（Ministry of Social Affairs），負責全國兒童福利政策的通盤規劃及經費撥補，但有關所得維持與社會福利服務的實際執行，則授權地方政府全權負責。依據「社會服務法」第 2 條規定，地方政府必須擔負包括兒童福利在內的一切社會福利之責。所以在「社會服務法」的架構內，地方政府可以因地制宜各自訂定法規，自主推展福利政策。同時，地方政府也可以開徵社會福利捐，藉此籌措財源，不足的部分再向中央政府申請補助。

　　另外，在「社會服務法」第 3 條規定：各地方政府設置社會福利委員會，以提供各種福利服務。由此可知，瑞典實際負責執行兒童福利業務的部門，是各州政府的社會福利委員會。

三　瑞典兒童福利的服務措施

　　一般而言，瑞典的兒童福利是建立在國家高度干預的基礎上，由政府承擔兒童照顧及家庭支持的責任，對兒童福利的提供是普及式的。其中，主要的兒童福利服務措施包括：

1.學前兒童托育服務

　　瑞典對於兒童的托育，係採公共托育政策，從 1944 年開始實施公辦托兒所，按年齡分為三、四個年齡組，都是全日托，有些托兒所附屬在小學做延伸服務。1975 年實施「學前教育法」（Preschool Act），對於所有即將就讀小學的兒童，在其就學的前一年，免費安排一天 3 小時的學前教育。托兒所和學前教育都由社會福利廳管轄，營運責任則由地方政府社會福利委員會擔任（江亮演，2012）。1982 年實施「社會服務法」之後，仍維持原來的措施。1991 年則逐步發展出一種「母親俱樂

部」，由地方政府提供兒童保育人員，協助照顧幼兒的母親，讓社區中的母親與孩子聚在一起，分享孩子的社會化，而母親也可以交換育兒經驗（郭靜晃，1999）。

2. 家庭協助服務

依「社會服務法」之規定，對於育有子女的家庭，當其父母無法照顧子女時，由地方政府的社會福利委員會安排家庭協助服務。通常，家庭協助服務有兩種情況：一種是母親因生病或生產而無法照顧子女時，由受過訓練的家事服務人員協助家務，另一種是兒童輕微生病而無法上托兒所或幼稚園時，由一般家庭婦女兼職幫助看護小孩，無須幫忙家事。

3. 家庭津貼

瑞典自 1974 年起實施普及式的家庭津貼制度，以保障子女眾多家庭之最低生活水準，使每一兒童均能獲得合理之教養。凡年齡未滿16歲（學生 19 歲）之兒童均可領取家庭津貼，全部經費由政府撥付，與保險無關，同時也不必經過財力調查（means test）。此外，還有養育子女家庭的住宅津貼、在學青少年的學生津貼，以及父母休假養育子女的父母津貼。

4. 家庭之家

瑞典對於受虐待、被疏忽的兒童及犯罪青少年（包括酒精、麻藥濫用者），大多採取寄養家庭作為兒童保護的主要措施。1982 年施行「社會服務法」之後，將寄養家庭改為「家庭之家」（family homes），以示尊重個人隱私，並消除寄養子女的概念。另外有一種「看護、居住之家」（treatment or residen tial homes）的社會服務公共機構，也協助少年戒毒及酒精中毒者的治療。

5.兒童收容服務

對於不適宜安排家庭寄養的兒童，則以安置於兒童收容機構，其型態包括：

(1)嬰兒院（infant homes）：收容對象為母親死亡或家庭發生變故而無人撫養的 1 歲以下嬰兒。

(2)母親之家（mothers' homes）：收容對象為失依孕婦，多半是未成年的未婚媽媽。

(3)母子之家（homes for mothers and sons）：收容對象為失依孕婦生產後仍須照顧者，母子一起安置養護。

(4)暫時收容之家（reception homes）：收容對象為家庭養育 1 歲以上兒童有所困難者，並在短期內協助其解決問題，返回原生家庭。

(5)特別之家（special homes）：收容對象為一般家庭無法勝任養育工作的身心障礙兒童，以及暫時收容之家轉介者（短期無法回歸家庭者）。

現今，瑞典政府對於需要安置的兒童，政策上是最優先考慮「家庭之家」，然後才是機構收容，所以兒童收容機構的數量已大幅度減少，並鼓勵短期收容，協助兒童及早回歸正常生活。

同時，由上面所述可以看出瑞典的兒童福利有許多特色，包括：

(1)兒童福利與國家建設密切配合，透過「國家照顧」的政策，提供良好的兒童照顧，以挽救人口日益減少的危機，並鼓勵婦女參與勞動市場。

(2) 1982、1992 年的福利改革，將兒童福利整合於社會福利之中，托兒所與學前教育劃歸社會福利單位統籌辦理，達到事權統一及資源集中之效。

(3)由公部門負責推動兒童托育服務，其服務的時間及人事規劃上，

能配合父母及孩子的需要，提供多樣化與彈性的服務，瑞典的托育服務措施堪稱國際楷模（馮燕，1997）。

(4)兒童寄養與機構教養服務，強調對個人意願與隱私權的尊重，寄養家庭改稱「家庭之家」，廢除寄養的概念，充分體現人本精神。

(5)重視兒童的教育服務，由公部門提供學前教育與托兒所，小學以後直到大學畢業，也是免費的公共教育，足見瑞典政府重視兒童及青少年教育之一斑，可以說將免費教育視為一種最佳的福利服務。

第五節
日本的兒童福利

日本（Japan）位於西太平洋與日本海之間，是東北亞的島嶼國家，面積 37 萬 7,846 平方公里（臺灣的 10.44 倍），2014 年人口數 12,704 萬（臺灣的 5.43 倍），2013 年國內生產總值（國際匯率）人均 38,459 美元（臺灣的 1.74 倍）。

作為臺灣東鄰的工業國家，日本的社會福利有獨特的發展軌跡，大致上可分為三個階段：第一階段在第二次世界大戰之前，以提升勞動力的質和量為目標；第二階段始於第二次世界大戰，配合政治民主化的進行，推展福利國家政策；第三階段從 1973 年開始，因應石油危機所造成的失業等問題，大幅增加社會安全經費，並將這一年稱為「福利元年」（江亮演等，2012）。

最近幾年，日本隨著社會及經濟上的轉型，更加重視社會福利，並逐步建立兒童福利服務體系。

一　日本兒童福利的政策取向

　　日本是東方國家，一向重視家庭倫理，認為養兒育女是家庭責無旁貸的天職，日本憲法明文規定撫育兒童是國民與國家應有的責任。而根據憲法所制定的兒童福祉法，其第 1 條開宗明義指出：所有的人民都應致力於使兒童具有身心健康發展。

　　據此可知，日本兒童福利的政策，基本上是以「家庭」為取向，強調家庭在照顧兒童上的責任。但由於經濟在過去幾年面臨了長期的不景氣，日本政府主管社會福利的厚生勞動省開始架構一個新的兒童福利組織體系，鼓勵市場及雇主對兒童提供支持系統，因而逐漸形成一種多樣模式的制度類型（郭靜晃，2000；Takeshi Kobayashi, 2000）。

　　日本現行的兒童福利，依其性質加以分類，可大致分為兒童健全培育政策與需要兒童保護政策（江亮演等，2012）。其中，針對需要保護兒童所提供的服務，包括因應母親就業的托育服務、協助障礙兒童的療育服務，以及需要養護兒童的安養服務。

二　日本兒童福利的法規制度

　　第二次世界大戰結束之後，日本家庭解組的情況相當嚴重，失依兒童日益增多，加上海外遣返的兒童亦不在少數，無家可歸的兒童高達 12 萬人。為了因應戰後兒童照顧的需要，日本於 1947 年訂頒兒童福祉法，以保障兒童的生活安全。

　　隨後，日本為了因應社會急遽變遷所引發許多家庭產生失功能的現象，先後訂定了五個重要的兒童福利法規：育兒津貼法（1961）、特別育兒津貼及其他補助法（1964）、育有未成年子女之婦女及寡婦福利法

（1965）、婦幼保健法（1965）、兒童津貼法（1970）。前述，兒童福祉法迄今已經歷二十多次修正，兒童津貼法則於 2000 年的修正案，將照顧 6 歲以下兒童者，以及前一年收入未超過標準年收入者，納為津貼補助的對象，使兒童津貼的對象擴大，成為一種普及式的津貼。2004年，日本內閣公布「兒童、育兒支援計畫」，鼓勵企業與社區合作，改善育兒環境，預定在 2014 年締造「可以感受到生兒育女喜悅的社會」，藉此提高日本國民的生育意願。

　　在日本，擔負兒童福利工作的政府部門，在中央由厚生勞動省（Ministry of Health and Welfare）主管全國的社會福利，並設 9 個局。其中，兒童家庭局（Children and Families Bureau）又分企劃課、育成課、兒童津貼課、殘障福祉課、母子福祉課、母子衛生課等 6 個課，分別掌理各種兒童福利業務。至於地方政府機構可分為二級：縣級單位與 12 個特定城市，以及各市鎮、村級單位，並分別設置兒童相談所、福利事務所、保健所，負責執行包括兒童福利在內的社會福利工作。2010 年，日本內閣舉行「兒童、育兒新體系」會議，決議成立四兒施政專司單位，統籌管理兒童津貼、育兒假給付、生產育兒給付等現金補助及保育所等硬體設施的補助。

三　日本兒童福利的服務措施

　　日本政府根據憲法及兒童福利法規的精神，致力於倡導及推動兒童福利工作，加上民間團體的積極參與，使得日本的兒童福利有豐富的內涵，其主要服務措施包括：

1. 兒童相談所

在縣級單位及特定的市級單位中設置兒童相談所（child guidance centers），為面臨兒童問題之家庭提供諮詢服務及緊急庇護。有時，兒童相談所也接受縣政府委託，辦理家庭寄養的轉介服務。

2.保育所

即托兒所，但強調是為欠缺保育的兒童而設，收托對象為6歲以下兒童。原則上，保育所收托時間一天8小時，必要時由保育所所長決定托育時間（郭靜晃，1999）。至於托育的方式，則針對父母上班通勤的型態而有不同的策略，包括嬰兒保育、延長時間保育（延長至下午7時）、長時間保育（延長至晚上10時）、障礙兒保育、企業托兒、兒童課後輔導等方式，以因應不同的需求。

3.兒童生活補助

即兒童津貼，有三種型態：

(1)家庭津貼：凡撫育三個以上未滿18歲之兒童而其中有一人未完成義務教育者，即可領取家庭津貼。此種津貼制度沒有經濟因素的限制，但有兒童數量的限制。

(2)兒童撫育津貼：又分一般兒童撫育津貼與特殊兒童撫育津貼兩種。前者在協助因父母離婚、父親死亡或得不到父親經濟援助的兒童；後者則專門補助嚴重智能不足及身體殘障的兒童。

(3)貧苦兒童家庭補助：由政府貸款給貧困兒童的家庭，助其維持基本生活，如果沒有父親的兒童，則發給補助款作為義務教育費用，不必償還。

4.寄養服務

兒童寄養服務必須經過地區主管核可，申請寄養的家庭必須是已婚並且有一個以上小孩的家庭，寄養之後仍然維持父子母女的家庭組織，

以確保寄養兒童可以獲得適當的教養。

5.收養服務

針對父母雙亡或需要長期安置的兒童提供收養服務，同時從 1987 年起，政府制定一種特別的收養制度，在戶籍上不記載兒童親生父母姓名及收養事項，並使被收養的兒童取得與收養人婚生子女相同的地位。

6.機構教養服務

設置「兒童之家」（育幼院）、母嬰院及各類殘障兒童教養院，對失依兒童或不適宜由父母照顧的兒童提供機構教養。其中，母嬰院的服務對象包括未婚媽媽及其子女。

此外，日本基於培育健全兒童的政策，也有各種促進措施，包括：⑴在縣立兒童福利機構、兒童館、兒童樂園等處所，增添兒童遊樂設施，以促進兒童健康；⑵推展兒童體驗活動，使兒童在自然環境的體驗中，發揮創造力；⑶對都市嬰幼兒的健全培育提供電話諮詢服務；⑷利用兒童館，對小學低年級兒童安排放學後的健康活動（江亮演，2012）。

近年來日本兒童的生活環境發生了許多變化，核心家庭比率上升、職業婦女人數持續提高、離婚的人口數也一直在增加，因而政府與企業雇主都努力推動兒童福利，表現出下列幾個特色：

⑴政府有明確的兒童福利政策，不僅消極的保障兒童各種權利不受侵害，而且積極的促進兒童身心健全發展。

⑵強調兒童與家庭的緊密聯繫，由兒童家庭局的設置，可知日本的兒童福利與家庭是分不開的，其他舉凡兒童諮詢服務、兒童生活補助、兒童托育服務，也都考量兒童與家庭的不同需求，而提供各種服務措施。

⑶企業界分擔政府對兒童福利的供給責任，將員工視為企業家族的

一分子，提供的托育設施包括托兒所、哺乳室及育兒諮詢等型態，這是日本兒童福利發展的一個特色（馮燕，1997）。

(4)配合社會與經濟上的轉型，對於兒童福利的法規制度適時增訂或修正，尤其兒童托育服務相應推陳出新呈現多元方式，除了一般日間托兒所之外，配合父母就業的情況，提供嬰兒托育、障礙兒托育、延時托育、課後托育等多種型態。

(5)重視兒童的休閒娛樂，充分運用各種兒童福利機構，增添兒童遊樂設施，辦理兒童健康活動的體驗和諮詢服務。

第
12
章

兒童福利的趨向及未來

　　無論中外，兒童福利的發展常因社會變遷而轉變。正如本書第二章的結論指出：國際與我國的兒童福利都歷經「慈善事業」、「有組織的服務」、「專業工作」的發展軌跡，現在已成為社會福利不可或缺的一環。

　　瞻望未來，兒童的福利需求，仍將隨著社會變遷的步調而日趨複雜與多元。政府或民間在未來的若干年，將如何規劃及推動兒童福利服務，協助新世紀的兒童有新的希望和發展，這是兒童福利未來的課題，而且現在就應該未雨綢繆。

　　因此，本章首先綜合主要國家兒童福利的發展趨向，然後展望我國兒童福利的未來願景。

第一節
主要國家兒童福利的發展趨向

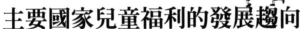

　　兒童是民族發展的基石，也是國家未來的棟樑。舉凡崇尚民主，尊重人權的現代國家，無不重視兒童福利工作。

　　由前一章主要國家兒童福利的比較，可以發現英、美、法、瑞典與日本等國，雖因國情不同，在兒童福利措施上各有其特色，但也呈現一些共同的發展趨向，可以歸納為下列五項：

一　訂定更明確的兒童福利政策

　　本質上，兒童福利是一個國家歷史背景和社會環境交互影響下的產物，因而世界各國在推動兒童福利各項措施的背後，都有一定的兒童福利政策，作為提供必要服務的方向盤。

　　由前章主要國家的兒童福利加以比較，可以得知在兒童福利政策取向方面，法國一向實施「普及式」兒童福利，瑞典主張「國家照顧」，日本強調「家庭」在兒童教養上的責任。即使實施地方分權制的美國，雖然聯邦政府缺乏明確的兒童福利政策，但大致上仍承襲美國的文化傳統，反對依賴，強調「家庭自主」。

　　至於以不成文法著稱於世的英國，雖然曾被美國學者米露西和莫絲（Melhuish & Moss, 1992）批評其托育服務在歷史上從來就沒有被英國社會重視過，但自柴契爾夫人執政以後，即公開聲明她反對讓兒童在家庭之外成長。其後的接班人對於「以家庭為主」的政策取向，大致上也沒有改變，而且有關兒童福利的政策，由隱晦逐漸趨向於明朗。

　　所以，放眼觀察國際上推動兒童福利較有成效的國家，大多有相當明確的兒童福利政策，即使過去的政策取向不甚明顯，現在也有愈來愈明朗的趨勢。因為有較明確的兒童福利政策，才足以主導其全國兒童福利的發展方向，使各級政府與民間團體在規劃和執行兒童福利時有所依循。試想，一個國家如果沒有一定的兒童福利政策，則其兒童福利服務不免淪為短線操作，零散、片段，當然也就難以累積豐碩的成果。

二　強調以家庭為兒童福利的核心

　　家庭是社會的基本單位，也是兒童出生之後第一個接觸的場所，其對兒童成長的重要性不言可喻。因此，幾乎多數兒童福利學者都強調：原生家庭是兒童人格發展的最佳場所。

　　世界各國，凡是致力於推動兒童福利的國家，莫不強調家庭在兒童發展上的功能，連帶著許多兒童福利措施，也以「家庭」為其核心。以兒童托育服務為例，英、美兩國，由政府所提供的托育服務相當有限，最普遍的是家庭托育。其中，英國地方政府係提供小額補助，鼓勵私人

設立家庭托育中心；美國則提供證照制度，由合格的保育人員在家庭中照顧 2、3 歲幼兒。

至於其他國家，法國除了團體托兒所之外，縣市村里或私人的家庭托育中心數量眾多；瑞典一向實施公共托兒所，但 1991 年之後也發展出一種「母親俱樂部」，讓社區的母親共同分享在家養育兒女的經驗；日本對幼兒的托育方式，則配合母親上班型態，提供多樣化的托育服務，包括延長托育及兒童課後托育。

由此顯示，主要國家的兒童托育服務已由往昔以托兒所為主流，逐漸發展出「家庭托育」的新型態，甚至家庭式托育有後來居上之勢。這樣的轉變，無非在強調家庭是兒童福利的核心。

事實上，除了托育服務外，主要國家對於兒童（家庭）津貼、寄養服務、收養服務，以及未婚媽媽及其子女的服務等，也大多以家庭作為基本考量的因素，盡其可能維護或恢復家庭功能，不得已才安排替代式家庭或其他適當的服務。尤其，日本在厚生勞動省設置兒童家庭局主管兒童福利業務，瑞典將家庭協助服務列為兒童福利的主要措施，更突顯其以家庭為基礎的趨向。

三　重視三級預防的服務策略

本來，「早期發現，早期治療」是維護身體健康的一句名言，但它也可以作為現代兒童福利服務的一項通則。或者更確切的說，預防與治療兼顧，是主要國家兒童福利發展的共同趨勢之一。

雖然，時至今日，我們尚無足夠的資料，可以佐證美國兒童福利學者卡都興（Kadushin）所提出的支持性（support）、補充性（supplement）、替代性（substitute）等三種服務，就是三級預防的創始者。當然，更無法肯定他提出的這三個方式，是促使某些國家在兒童福利採取

三級預防策略的主因。然而，衡諸實際，則不難發現主要國家的兒童福利措施，都涵蓋了支持性、補充性及替代性三方面，而且其中一些服務項目也顯然有逐漸重視三級預防策略的趨勢。

茲以兒童保護為例，在英國，對於受虐兒童的服務策略，是先申請保護令、評量令及復元令，以保護兒童安全，並予必要協助，最後才轉介安置；在美國，對受虐兒童的保護服務，以維護家庭完整為原則，先提供緊急反應服務作為預防，必要時再隔離父母，將兒童安置在寄養家庭以避危險；在瑞典，對於受虐兒童的保護，係以寄養家庭為主要措施，1982 年則改為「家庭之家」（family homes），以消除寄養的概念；在日本，對於兒童保護及失依兒童的安置，優先考量寄養家庭，其次是收養服務，最後是安置在「兒童之家」。至於法國，兒童保護並非主要的福利措施，但有關寄養及收養服務，也是先考量寄養家庭，必要時須經對收養人調查及醫學鑑定，以憑辦理收養，並設有「團體之家」作為安置前的暫時住所。

就學理而言，上述各國對兒童保護服務的策略，大致上是優先考量家庭維護方案（family maintenance program），包括保護令、緊急反應服務；其次是家庭重整方案（family reunification program），包括寄養、復元、對家庭協助；最後才是永久安置方案（permanent placement program），包括收養服務、機構教養服務。事實上，這樣的考量就是順應三級預防策略的趨向。

四 運用社工專業提供服務

本質上，兒童福利是社會福利的重要環節。目前，社會福利已逐漸發展為一種專業，大量任用社會工作人員，以專業的方法從事社會福利工作。因此，運用社工人員推動兒童福利工作，也逐漸成為主要國家兒

童福利發展的一個重要趨向。

具體言之，在英國，曾擬定一項中央的訓練計畫，訓練地方政府社
工人員，以便執行兒童法案，而且對於寄養服務、收養服務、未婚媽媽
及其子女的安置服務等，都必須由專業社工人員進行調查和定期訪視；
在美國，收養家庭必須經過社工人員調查及會談，以考評是否符合收養
條件；在法國，兒童的收養者也必須經過社工人員的調查，以及精神病
測驗，證實身心健全，才能辦理收養。

至於瑞典與日本，雖然沒有明文規定何種服務必須社工人員介入，
但是瑞典在「社會服務法」規定：地方政府須設置社會福利委員會，以
提供各種福利服務；日本則在縣級單位及特定的市級單位設置兒童相談
所，為面臨兒童問題之家庭提供諮詢服務。由此或可推知，瑞典的社會
福利委員與日本的家庭諮詢服務人員，可能也需任用專業人員。

據此以觀，運用社工專業參與推動兒童福利工作，已成為主要國家
兒童福利輸送服務的重要取向。這種發展趨勢，在社會工作專業化程度
較高的英、美、法等國尤其明顯。

五 服務供給的分權化及民營化

在 1970 年代，由於全球石油危機，引發失業率提高，各國財政狀
況衰退，福利國家的理念面臨嚴重的挑戰，代之而起是福利多元主義
（welfare pluralism）的思潮。尤其歐洲國家深受福利多元主義的影響，
在福利供給方面逐漸趨向於分權化（decentralization）、民營化（privati-
zation）及商業化（commercialization）。

如果以此檢視主要國家兒童福利的供給面，也可以發現分權化及民
營化的趨向，至於商業化，則不明顯。舉例言之，英國在 1979 年柴契
爾夫人執政之後，即大量縮減政府對社會福利的提供，並鼓勵民間組織

參與服務,因而私人托育機構及企業托兒所的數量增多。法國自 1982 年通過地方自治法,在行政上也逐步實施地方分權,有關兒童福利的業務,隨之轉由縣政府管轄,有些家庭托育中心是由私人設置的。瑞典在 1982 年實施「社會服務法」之後,也授權地方政府負責兒童福利的執行。日本近年來由於經濟長期不景氣,厚生勞動省也積極鼓勵市場及雇主對兒童提供支持系統,因而企業托兒和收費托育有增加的趨勢。

　　至於美國,本來就是實施地方分權的國家,兒童福利的業務一向由州及地方政府負責推動,並開放民間參與的機會,在托育服務方面,許多托兒所是由非營利組織(如教會)或私人(如企業)所興辦,可以說是分權化與民營化的典型。

　　綜合言之,英、美、法、瑞典、日本等主要國家的兒童福利,隨著社會福利思潮的變遷,在行政體制逐漸趨向分權化,連帶著在服務輸送的過程中,則趨向於訂定更明確的政策取向、更強調以家庭為基礎、更注重運用社工專業及結合民間力量,促使兒童的權益獲得更多的保障。

第二節
我國兒童福利的未來願景

　　我國一向重視兒童福利,早在民國 62 年即由總統公布實施「兒童福利法」,成為第一個中央立法的社會福利法規。後來,兒童福利法又經過多次修正,使兒童福利服務不斷推陳出新,以因應時空環境的變遷,滿足兒童與家庭的需求。民國 102 年 7 月,衛生福利部成立,又使兒童福利邁向一個新里程。

　　然而,盱衡世界主要國家兒童福利的發展趨向,面對臺灣兒童福利的潛在問題,我們期待臺灣的兒童福利能在既有基礎上持續發展。以下

提出一些未來願景：

一　建立家庭支持系統

　　家庭是兒童出生及成長的主要場所，影響兒童福利的良窳，至深且巨。美國兒童福利專家卡都興與馬汀（Kadushin & Martin, 1988）就曾認為「最好的家庭福利，就是最好的兒童福利」。

　　然而，臺灣隨著社會變遷加快，不但家庭結構日趨多元，而且家庭功能不斷式微，單親、繼親、跨國婚姻、隔代教養等類型態的家庭，幾乎都面臨子女教養及照顧的問題，兒童福利服務也陷入分散化、單一化、供給不足的困境（呂朝賢，2011；曹愛蘭，2011）。

　　為因應這些問題或困境，內政部兒童局於民國 98 年申請公益彩券回饋金補助，積極推動「建構家庭福利服務系統實驗計畫」，其要點：

　　1. 願景：建構「以兒少為重點、以家庭為核心、以社區為基礎」的福利服務輸送體系。

　　2. 目的：依各地區特色與需求，建立以「家庭」為中心，適合在地環境的工作模式，提供近便性、連續性、多元性及整合性的福利服務。

　　3. 實施策略

　　(1)由兒童局協助地方政府將轄區內單一功能性福利服務中心，轉型或擴充功能，或規劃新設區域性、融合性的家庭服務中心。

　　(2)強調建構區域性網絡及單一窗口服務，提供或連結經濟扶助、托育服務、親職教育、早期療育、自殺防治、志工認輔等服務。

　　(3)民國 99 年至 100 年，申請公益彩券回饋金 1 億 5,000 萬元，輔導 12 個地方政府設置 19 處家庭福利服務中心，並進用 63 名社會工作員。

　　雖然在實驗期間曾遭遇一些挑戰，包括：定位欠明、跨局處分工整合不易、服務對象過於分散、個案問題複雜性太高、社工人員負荷過

大、「以家庭為中心」的專業知能不足、流動率高（呂朝賢，2011）。但是瞻望未來，自民國 101 年起，政府啟動兒童及少年家庭支持服務中心競爭型計畫，透過經費補助以鼓勵地方政府研提營運計畫，設置示範中心，並逐步在衛生福利部社會及家庭署）設置推動的專責單位，編列預算，在 5 個直轄市及 17 個縣市全面推展，將可為兒童與家庭提供補救性（一級）、支援性（二級、預防性（三級）的系統處遇，全面回應不斷變遷的家庭需求。

二 強化社區服務網絡

　　兒童及少年福利，除了以「家庭」為核心，還需要以「社區」為基礎。況且，服務供給的民營化與地方化，也是世界主要國家兒童福利的一個重要發展趨向。這種趨向是 1970 年代福利國家發生危機之後，倡導福利多元主義的具體措施。

　　臺灣為結合社會福利體系與社區發展工作，以強化社區功能，照顧社區內的弱勢者，曾於民國 85 年由內政部訂定「推動社會福利社區化實施要點」，並自 87 年起選定宜蘭縣蘇澳鎮、臺北市文山區、彰化縣鹿港鎮、臺南市安平區、高雄縣鳳山鎮等地區實驗一年（林勝義等，2000），其後逐步授權一部分縣市、鄉鎮市區繼續辦理實驗工作。目前，福利社區化已列為社區發展的常態業務，也是社區評鑑的重要項目之一。

　　在社會福利社區化的內容中，包括許多與兒童福利相關的方案，例如臺北市文山區的社區保母培訓方案、臺南市安平區的社區托兒中心方案（王麗容等，2000）。這些方案的主要特質，是以服務整合（service integration）的觀點，結合社區內、外相關資源，建立福利服務輸送網絡，並採取「單一窗口」（one-stop shopping）提供系列服務。未來，臺灣可望持續強化兒童福利社區服務網路，並將重點放在：

1.建立托育服務網絡

良好的托育服務輸送網絡，首應注意資訊的充分流通，並且在輸入階段建立有完備的法規制度，在轉化階段扮演好服務提供者的角色，在輸出階段妥加評估鑑定（馮燕，1997）。其中，資訊、輸入、轉化、輸出，都必須配合社區環境，因地制宜，就地取材，發揮社區特色。例如，推動社區保母系統，就在建立托育社區服務網絡。

2.建立兒童保護服務網絡

由社會福利部門結合教育、警政、醫療、法院、民間兒童福利等機構，組成兒童保護組織，其下設兒童保護委員會、兒童保護專線、緊急庇護所等（張學鶚，1992）。通常，兒童保護實務是地方政府的業務之一，須以「社區」為基礎進行處遇。因為兒童及少年福利與權益保障法第 9 條第 4 項規定，兒童及少年保護業務之執行事項，由直轄市、縣（市）主管機關掌理。即使兒童保護專線（113）是全國連線，在通報之後，也是轉由事故發生地的兒保社工進行訪視、緊急救援或緊急庇護。

3.建立發展遲緩兒童早期療育服務網絡

由早期療育工作的四大部分：個案之發現、個案之轉介、個案之評估鑑定、個案之療育與安置，形成一個福利服務輸送流程（萬育維，1996）。事實上，臺灣各縣市已經普遍設置發展遲緩兒童早期療育通報輔導及個案管理中心，無論個案的發現、轉介、鑑定、療育及安置，也是以「社區」為基礎，透過社區服務網絡，就近提供必要服務。

上述三個服務網絡，都以「社區」為基礎，建構社區服務網絡，藉以提供近便性服務。這是兒童福利服務的世界趨勢，也是當前比較有效

的一種服務輸送方式。

三 加強社區保母管理

　　長久以來，我國家庭保母的托育服務，是透過自由市場的機制，提供非正式服務，未能被普遍使用，且服務品質缺乏管理，家長支付托育費用之後，無法保證兒童受到妥適的照顧服務。

　　中央政府為保障幼兒托育服務的品質，使幼兒獲得妥善照顧，於民國 89 年 1 月頒布「社區保母系統實施計畫」，由各地方政府委託法人團體、法人機構、設有幼兒保育科系之學校承辦該項業務，成為地區性的社區保母系統。

　　社區保母系統實施計畫對於社區保母有一套嚴謹的管理制度，其要點：

　　1. 簽約：已取得證照之保母，必須與社區保母系統的承辦單位簽定加入系統同意書，依約提供托育服務。

　　2. 健康檢查：由社區保母系統協助保母定期健康檢查，每二年補助一次，檢查項目包括結核病胸部 X 光、A 型肝炎免疫球蛋白 M 抗體、HIV 抗體，合格者始予媒合托育。

　　3. 研習：參加保母系統辦理之在職研習，每年至少 20 小時。

　　4. 訪視輔導：媒合成功之後，至少每三個月一次，由社區保母的專職督導或輔導員進行訪視，以掌握托育狀況，並提供托育資訊與育兒新知。

　　5. 考核：定期針對托育環境檢核、參加在職研習、遵守保母守則等項進行考核，對優質保母表揚，有嚴重過失者（例如虐待幼兒、在托育期間兼任有酬工作）退場。

　　社區保母系統推展之後，各縣市已在其轄區內分區建立保母系統，中央政府亦自民國 94 年起辦理一次全國性評鑑，其優點多於缺失，而且有些管理上的缺失，例如，托育服務媒合成功的比率偏低（約 10%至 20%）、現職保母因不喜歡政府介入而影響加入系統的意願、有些保母認為家訪及體檢過於繁瑣（邱志鵬，2008）。

　　總之，社區保母系統的推動有其實質的意義，對於保母提供托育服務的品質有提升成效。未來，允宜逐步改進缺失，使管理更上軌道，讓有托育需求的幼兒能獲得更優質的服務。

四　推展學校社會工作

　　運用社工專業提供服務，使兒童及其家庭獲得更適當的支持與服務，這是主要國家兒童福利發展的重要趨向。

　　以兒童及少年的年齡而言，絕大多數是國民中、小學的學生，且其主要任務是學習及成長，所以社會工作專業適合於介入學校，為有困擾的兒童提供服務。美國早在 1906 年即聘請社工人員擔任訪問教師（visiting teacher），對學習困難、適應不良及犯罪少年提供必要的服務，後來逐漸形成學校社會工作（school social work）。這個領域的專家韓考克（Hancock, 1982）並預言：學校將成為提供兒童服務的中樞機構（umbrella agency）（林勝義，1998）。

　　臺灣地區於民國 86 學年度起，由教育部撥款補助各縣市在國民中學擇校試辦設置專業輔導人員，包括社會工作師、心理諮商師及臨床心理師，為期兩年。88 學年度至 100 學年度之間，臺北市、新北市、新竹市、新竹縣，自籌經費繼續運用社工人員在學校提供專業服務。此期間，行政院社會福利推動委員會於民國 96 年 8 月舉行第 13 次會議，決議由教育部研擬建立學校社會工作制度。

100 年 1 月，國民教育法第 10 條修正公布，將社工納入國民中小學輔導人員，並訂定教育部補助國民小學國民中學及直轄市縣（市）政府設置專業輔導人員實施要點，自 101 年 8 月 1 日起在各直轄市縣（市）的國民中小學全面實施。未來，學校社會工作將為國民教育階段的兒童提供專業服務，成為臺灣兒童福利一項嶄新措施，其服務重點放在：

1. 處理學童所遭遇的問題

以社會工作方法，協助學校處理學生的問題，包括逃學、暴力、幫派、學習缺陷、藥物濫用等行為問題。

2. 輔導中途輟學的兒童

加強學校與家庭的溝通、聯繫，盡其可能協助中輟兒童及早復學，或轉介至中途學校，並予適當輔導。

3. 為學童的家長提供諮詢服務

為學童的家長及家人，提供親職教育及相關的諮詢服務，必要時為家長安排成長團體，進而運用家長作為一種資源，協助其子女學習與成長。

基本上，福利、教育、衛生之間有密不可分的關係，增進兒童在學階段的福祉（well-being），可以提升兒童教育投資的成效。況且，學校社工與學校教師透過團隊的分工合作，也有助於擴充及強化兒童福利服務輸送網絡。

五　加強兒童福利研究

訂定更明確的兒童福利政策，是世界主要國家兒童福利發展的重要趨勢。而在訂定政策之前，通常必先瞭解社會的實際情況，這就要採用科學的研究方法去蒐集資料、分析資料、運用資料。完成以證據為本（evidence-based）的政策規劃。

臺灣近年來逐漸重視兒童福利的研究，在大學之中設有社會工作與兒童少年福利系所、社會福利研究所，每年均生產數篇有關兒童福利研究之學位論文；兒童福利學者及兒童福利機構，也有一些相關的研究報告問世。然而，也有學者指出，我國目前對於兒少相關數據資料仍多所缺漏，且分散於各類官方統計中，尚無整合的機制，十分不利於兒少問題與需求的掌握（馮燕等，2011）。在對兒童相關狀況尚不能確實掌握時，如何訂定合宜的兒童福利政策？

兒童福利政策是制定兒童福利法規及推動兒童福利工作的指南，要解決兒童與家庭問題，保障兒童權益，都應制定明確的兒童福利政策。因此，為了因應社會變遷，訂定更明確的兒童福利政策，未來必須加強兒童福利的研究工作，並優先著重在：

1. 兒童福利的基礎研究

蒐集有關兒童人口統計資料，以及各項兒童福利服務的數據，如兒童福利機構數、托育服務人數、兒童津貼給付人數、兒童保護件數、早期療育人數、寄養兒童人數等，並予整理分析，藉以瞭解兒童福利的供需情況。

2. 兒童福利的行動研究

以應用性為主，針對兒童福利的實際問題及其處遇方式進行研究，以期發現解決問題或進行改革的有效方案。

3. 兒童福利的評估研究

以績效評估為主，對於解決問題的行動方案（action program），就其實際效果，給予客觀評估，以瞭解兒童福利服務推動的成效。

在臺灣兒童福利研究的實際運作上，多半著重在托育服務、寄養服務、保護服務等措施。事實上對於單親家庭兒童、無依兒童、原住民兒童、新移民兒童、身心障礙兒童、低收入家庭兒童，以及早療服務、兒童津貼，甚至兒童福利的國際比較，都應加強研究，以利兒童福利政策之規劃及執行。

六 充實兒童專業人力

兒童福利人力不足，是一老問題，雖然臺灣最近幾年有少子女化現象，兒童的出生率已降至 1 以下，理論上兒童福利的服務對象應該相對減少，專業人力似乎可以相對減少。然而，由於離婚率提高、家庭功能式微，兒童的問題可能增多，專業人力不足的問題並沒有解決。

依據呂寶靜（2010）有關「眺望 2020 年臺灣社會工作專業發展之趨勢」研究報告，推估兒童福利收養服務等 5 個主要服務場域或方案的社工專業人力，在三個推估年份的需求與供給之間，都有相當大的差距，如表 12-1：

表 12-1　兒童福利領域人力現況與推估結果對照

服務場域或方案	2008 人數現況	2010 社工人數（差距）		2015 社工人數（差距）		2020 社工人數（差距）	
收出養服務	123	141	(-18)	123	(0)	112	(-11)
托育服務	106	641	(-535)	573	(-467)	562	(-456)
寄養服務	-	110	(-110)	95	(-95)	87	(-87)
兒少保護	320	474	(-154)	415	(-95)	378	(-58)
高風險服務	180	451	(-271)	394	(-214)	358	(-178)
合計	729	1817	(-1088)	1600	(-871)	1497	(-768)

資料來源：呂寶靜（2010）專案研究報告，檢索日期 2012.8.30。

　　總的來說，兒童福利的專業人力推估結果，除了收出養服務的人力情況尚可之外，其他各服務場域的人力都有所不足。

　　就兒少保護服務而言，社工是擔負兒少保護工作的主要人力，地方政府兒少保護社工大部分從事第一線的救援工作，而將第二線的輔導或處遇工作委託民間機構。第一線救援人力不足，壓力大，而民間機構由於用人成本的考量，難以依個案負荷量增聘社工，導致基層社工人力在工作耗竭之下轉換跑道（彭淑華，2011）。

　　對於地方政府推動兒少保護人力不足的問題，內政部自民國 95 年度起協助地方政府增聘 320 名兒少保護專責社工人力，使每名社工員個案負荷量降低（劉邦富，2011）。未來，兒少保護的專業人力必須再予充實之外，其他服務場域的專業人力也應該加強補充，以使所有兒童都能獲得妥適的服務。

　　最後，再次強調兒童福利是一種整合性工作，必須在上游訂定明確的政策及法規，在中游以健全兒童家庭為核心，並落實下游的各項兒童福利服務措施。庶幾上游、中游、下游一以貫之，從而達成維護兒童身心健康、促進兒童正常發育及保障兒童福利的目標。

参考書目

中文部分

王明仁（2000）。中華兒童暨家庭扶助基金會五十年推展兒童福利服務回顧與展望。**新世紀國際兒童福利政策與實務研討會論文集**，2-9。臺中：內政部兒童局。

王順民（1998）。「兒童福利政策立法過程之探討」評述。**社區發展季刊**。81，101-102。臺北：社區發展雜誌社。

王順民（1999）。**社會福利服務——困境、轉折與展望**。臺北：亞大。

王麗容、翁毓秀（2000）。**推動社會福利社區化實務工作手冊——兒童、少年及婦女福利服務社區化篇**。南投：中華民國社會政策學會。

伊慶春等（1997）。**家庭與兒童保護**。臺中：中華兒童暨家庭扶助基金會。

江亮演、洪德旋、林顯宗、孫碧霞（2012）。**社會福利與行政**。臺北：五南。

余漢儀（1997）。**兒童虐待——現象檢視與問題反思**。臺北：巨流。

余漢儀（1999）。變調的兒童保護。臺大社會工作學刊。1，149-178。

李宗派（1990）。兒童性虐待實務工作。郭東曜編，**兒童保護實務研討訓練專輯**，7-22。臺中：中華兒童福利基金會。

李清泉（1995）。「兒童及少年性交易防制條例」內容與特色初探。**社區發展季刊**。73，189-195。臺北：社區發展雜誌社。

李欽湧編（1988）。**兒童保護要論——政策與實務**。臺中：中華兒童福利基金會。

李欽湧（1995）。兒童福利法的政策取向——美國的趨勢與啟示。**21世紀兒童福利政策**，23-50。臺中：中華兒童福利基金會。

呂朝賢（2011）。**兒少家庭服務中心的運作經驗及可能性**。社福100專業滿載研討會手冊II（309-316頁），臺北：內政部。

周震歐編（2007）。**兒童福利**。臺北：巨流。

林明珠、楊重土（1993）。寄養安置的技巧。中華兒童福利基金會編，**社會工作實務——兒童寄養專業服務專輯**，99-110。臺中：臺灣省政府社會處。

林勝義（1982）。**現代社會安全制度**。臺北：正中。

林勝義（1998）。**學校社會工作**。四版。臺北：巨流。

林勝義（2000）。社會福利概述（志願服務專業教材Ⅱ）。臺北：內政部。

林勝義（2012）。社會工作概論。三版。臺北：五南。

邱汝娜（2000）。臺灣原住民兒童福利照顧現況與未來規劃。展望21世紀
青少年兒童福利研討會手冊，326-333。臺北：文化大學社會福利系。

邱志鵬（1991）。托兒所與幼稚園的區別——論幼兒教育的定位問題。托
育服務研討會論文。臺北：兒童福利聯盟。

邱志鵬（2008）。居家式及托嬰中心照顧服務輔導管理規範之研究。內政
部兒童局委託研究報告。

翁毓秀（1990）。臺灣地區寄養安置評估研究。臺北：中華民國社區發展
研究訓練中心。

張學鶚（1992）。兒童保護服務措施網絡規劃之研究。中華民國社區發展
研究訓練中心委託研究報告。

曹愛蘭（2011）。臺南市家庭福利服務中心運作實況。社福 100 專業滿載
研討會手冊Ⅱ（325-333 頁），臺北：內政部。

郭東耀編（1990）。兒童保護服務實務研討訓練專輯。臺中：中華兒童福
利基金會。

郭東耀等（1994）。學校社會工作與兒童保護。臺中：中華兒童暨家庭扶
助基金會。

郭靜晃（1998）。讓孩子遠離危機——安全的童年。臺北：臺視文化公司。

郭靜晃（1999）。邁向21世紀兒童福利的願景——以家庭為本位，落實整
體兒童照顧政策。社區發展季刊。88，118-131。臺北：社區發展雜誌
社。

郭靜晃等（2000）。兒童福利——兒童照顧方案規劃。臺北：揚智。

彭淑華（1995）。我國兒童福利政策發展取向之解析——以我國兒童福利
法為例。21世紀兒童福利政策，1-21。臺中：中華兒童福利基金會。

彭淑華（1998）。兒童福利政策立法過程之探討——以我國兒童福利法修
正案為例。社區發展季刊。81，84-101。臺北：社區發展雜誌社。

彭淑華（2011）。由蹣跚學步到昂首前行：臺灣兒童保護政策、法規與實
務之發展經驗。社區發展季刊，133，273-293。臺北：社區發展雜誌社。

馮燕（1994a）。邁向 21 世紀社會福利規劃與整合——兒童福利需求初步
評估報告。臺北：內政部。

馮燕（1994b）。兒童福利服務需求探討及政策建議。**社區發展季刊**。67，
117-127。臺北：社區發展雜誌社。

馮燕（2004）。**托育服務：生態觀點的分析**。臺北：巨流。

馮燕、李宏文、謝文元（2011）。建國百年來兒童及少年的回顧與前瞻。
社區發展季刊，133：309-327。臺北：社區發展雜誌社。

馮燕、李淑娟、謝友文、劉秀娟、彭淑華編（2004）。**兒童福利**。臺北：
國立空中大學。

楊瑩（2000）。家庭津貼。蔡漢賢編，**社會工作辭典**，419-420。臺北：內
政部。

楊瑩、詹火生（1994）。**英國社會安全制度──改革與現況探討**。臺北：
臺閩地區勞工保險局。

萬育維（2007）。**社會福利服務──理論與實踐**。臺北：三民。

萬育維（1998）。社會工作專業與兒童福利。**社區發展季刊**。81，49-64。
臺北：社區發展雜誌社。

鄒國蘇（2000）。發展遲緩兒童。蔡漢賢編，**社會工作辭典**，585。臺北：
內政部。

劉邦富（2011）。公部門兒童及少年福利發展。**社區發展季刊**，133，
265-272。臺北：社區發展雜誌社。

齋藤學（2000）。**兒童虐待**。臺北：聯經。

羅秀華（1997）。發展遲緩兒童之服務如何落實於家庭與社區社會工作。
社區發展季刊。77，83-92。臺北：社區發展雜誌社。

蘇麗華、王明鳳（1999）。臺北市寄養服務工作現況與展望。**寄養父母心
情寫真集**，11-19。臺北：臺灣世界展望會。

Gelles 等著，劉秀娟譯（1996）。**家庭暴力**。臺北：揚智。

Holfer & Kemp（ed.），王明仁等譯（1996）。**受虐兒童──美國如何防治
兒童受虐**。臺中：中華兒童福利基金會。

Kemp 著，彭淑華、張英陣、韋淑娟、游美貴、蘇慧雯等譯（1999）。**家庭
暴力**。臺北：洪葉。

Smith 原著，王碧珠譯（1997）。**收養與寄養──理論與實務**。臺北：巨流。

英文部分

Axium, J., & Levin, H.（1992）. *Social welfare: A history of American response to need.* New York: Longman.

Barg-Weger, M. (2010). *Social welfare and social work.* Taylord Francis, New York: Routledge.

Crosson-Tower, C.（1998）. *Exploring child welfare: a practice perspective.* Boston: Allyn & Bacon.

Cohen, N.（ed.）（1992）. *Child welfare: A multicultural perspective.* Boston: Allyn & Bacon.

Costin, L. B., & Rapp, C. A.（1984）. *Child welfare: policy and practice.* New York: McGrow Hill.

Digby, A.（1989）. *British welfare policy: workhouse to workfare.* London: Faber & Faber.

Dinitto, D. M.（1995）. *Social welfare: Politics and public policy.* Boston: Allyn & Bacon.

DuBois, B., & Miley, K. K.（1996）. *Social work: An empowering profession.* 2nd ed. Boston: Allyn & Bacon.

Finkelhor, D.（1979）. *Sexually victimized children.* New York: Free Press.

Finkelhor, D., Hotaling, G., Lewis, I. A., & Smith, C.（1990）. Sexual abuse in a national survey of adult men and women: prevalence, characteristics, and risk factors. *Child Abuse & Neglect,* 14, 19-28.

Friedlander, W. A.（1980）. *Introduction to social welfare.* 5th ed., Englewood Chiffs, N. J.: Prentice-Hall.

Forst, N., & Stein, M.（1989）. *The politics of child welfare: Inequality, power and change.* New York: Harvester Wheatsheaf.

Gelles, R. J., & Cronell, C. P.（1990）. *Intimate violence in families.* Newbury Pork, CA: Sage.

Hancock, B. L.（1982）. *School social work.* Englewood Cliffs, N. J.: Prentice-Hall.

Harding, L. F.（1997）. *Perspectives in child care policy.* 2nd ed. London: Longman.

Hart, S. N., Brassard, M. R., & Karlson, H. C.（1996）. Psychological maltreatment. in Briere, J. L., Berliner, J. A., Bulkley, C. Jenny, & Reid, T.（eds.）, *The APSAC handbook on child maltreatment.* Thousand Oaks, CA: Sage.

Hoffman, K. S., & Sallee, A. L.（1994）. *Social work practice: Bridge to change.* Boston: Allyn & Bacon.

Holmes, S. A.（1994）. Out-of-wedlock birth up since 1983. *New York Time*, July 20.

Johnson, L. C., & Schwartz, C. L.（1991）. *Social welfare: A response to human need.* Boston: Allyn & Bacon.

Johnson, N.（1999）. *Mixed economies of welfare.* London: Prentice Hall Europe.

Kadushin, A., & Martin, J. A.（1988）. *Child welfare services.* 4th ed. New York: Macmillan.

Kamerman, S. B., & Kahn, A, J.（eds.）（1994）. *Child care, parental leave, and the under 3s: Policy innovation in Europe.* New York: Auburn House.

Kahn, A. J., & Kamerman, S. B.（1987）. *Child care, family benefit, and working parents: A study in comparative policy.* New York: Columbia University Press.

Kemp. A.（1998）. *Abuse in the family: an introduction.* Pacific Grove, CA: Brook/ Cole Publishing Company.

Korbin, J. E.（1981）. *Child abuse and neglect: Cross-culture perspective.* Berkeley, CA: University of California Press.

Lausburgh, T. W.（1977）. Child welfare: Day care of children. *Encyclopedia of social work*（pp. 134-136）. Washington, D. C.: NASW.

Lindsey, D.（1994）. *The welfare of children.* Oxford: Oxford University Press.

Melhuish, E., & Moss, P.（1992）. Day care in the United Kingdom in historical perspective. In Lamb, M. E., Sternberg, K. J., Hwang, C. P., & Broberg, A. G.（eds.）, *Child care in context: Cross-cultural perpective*（pp. 157-184）. Hillsdale, N. J.: Lawrence Erlbaum Association Publishers.

Pecora, P. J., Whittaker, J. K., & Maluccio, A. N.（1992）. *The child welfare challenge: Policy, practice, and research.* New York: Aldine De Gruyter.

Payne, M.（1995）. *Social work and community care.* UK: The Macmilian Press Ltd.

Reid, J. H. (1990). *Child welfare perspectives*. New York: Child Welfare League of American.

Sainsbury, E. (ed.) (1994). *Working with children in need: Studies in complexity and challenge*. London: Jessica Kingsley.

Scalzo, A. J. (1994). Burns and maltreatment. In Monteleone, J. A., & Brodeur, A. E. (eds.), *Child maltreatment: A clinical guide and reference*. St. Louis, MD: G. W. Medical Publishing.

Skidmore, R. A., & Thackeray, M. G., & Fariey, O. W. (1994). *Introduction to social work*. 6th ed. Englewood Cliffs, N. J.: Prentice-Hall.

Takeshi Kobayashi (2000). The policies and practice of child welfare in Japan. *International conference on child welfare policies and practices in a new era*. 5-4. Taipei: Ministry of Interior.

附錄
兒童及少年福利與權益保障法

中華民國 100 年 11 月 30 日修正公布名稱及全文 118 條；

除第 15-17、29、76、87、88、116 條條文自公布六個月後施行，

第 25、26、90 條條文自公布三年後施行外，其餘自公布日施行

（原名稱：兒童及少年福利法）

中華民國 103 年 1 月 22 日增訂公布第 90-1 條條文，並修正第 53、76 條條文。

第一章　總則

第 1 條　為促進兒童及少年身心健全發展，保障其權益，增進其福利，特制定本法。

第 2 條　本法所稱兒童及少年，指未滿十八歲之人；所稱兒童，指未滿十二歲之人；所稱少年，指十二歲以上未滿十八歲之人。

第 3 條　父母或監護人對兒童及少年應負保護、教養之責任。對於主管機關、目的事業主管機關或兒童及少年福利機構、團體依本法所為之各項措施，應配合及協助之。

第 4 條　政府及公私立機構、團體應協助兒童及少年之父母、監護人或其他實際照顧兒童及少年之人，維護兒童及少年健康，促進其身心健全發展，對於需要保護、救助、輔導、治療、早期療育、身心障礙重建及其他特殊協助之兒童及少年，應提供所需服務及措施。

第 5 條　政府及公私立機構、團體處理兒童及少年相關事務時，應以兒童及少年之最佳利益為優先考量，並依其心智成熟程度權衡其意見；有關其保護及救助，並應優先處理。

　　　　兒童及少年之權益受到不法侵害時，政府應予適當之協助及保護。

第 6 條　本法所稱主管機關：在中央為內政部；在直轄市為直轄市政府；在縣

（市）為縣（市）政府。

第 7 條　本法所定事項，主管機關及目的事業主管機關應就其權責範圍，針對兒童及少年之需要，尊重多元文化差異，主動規劃所需福利，對涉及相關機關之兒童及少年福利業務，應全力配合之。

主管機關及目的事業主管機關均應辦理兒童及少年安全維護及事故傷害防制措施；其權責劃分如下：

一、主管機關：主管兒童及少年福利政策之規劃、推動及監督等相關事宜。

二、衛生主管機關：主管婦幼衛生、生育保健、發展遲緩兒童早期醫療、兒童及少年身心健康、醫療、復健及健康保險等相關事宜。

三、教育主管機關：主管兒童及少年教育及其經費之補助、特殊教育、幼稚教育、安全教育、家庭教育、中介教育、職涯教育、休閒教育、性別平等教育、社會教育、兒童及少年就學權益之維護及兒童課後照顧服務等相關事宜。

四、勞工主管機關：主管年滿十五歲或國民中學畢業少年之職業訓練、就業準備、就業服務及勞動條件維護等相關事宜。

五、建設、工務、消防主管機關：主管兒童及少年福利機構建築物管理、公共設施、公共安全、建築物環境、消防安全管理、遊樂設施等相關事宜。

六、警政主管機關：主管兒童及少年人身安全之維護及觸法預防、失蹤兒童及少年、無依兒童及少年之父母或監護人之協尋等相關事宜。

七、法務主管機關：主管兒童及少年觸法預防、矯正與犯罪被害人保護等相關事宜。

八、交通主管機關：主管兒童及少年交通安全、幼童專用車檢驗等相關事宜。

九、新聞主管機關：主管兒童及少年閱聽權益之維護、出版品及錄影節目帶分級等相關事宜。

十、通訊傳播主管機關：主管兒童及少年通訊傳播視聽權益之維護、內容分級之規劃及推動等相關事宜。

十一、戶政主管機關：主管兒童及少年身分資料及戶籍等相關事宜。

十二、財政主管機關：主管兒童及少年福利機構稅捐之減免等相關事宜。

十三、金融主管機關：主管金融機構對兒童及少年提供財產信託服務之規劃、推動及監督等相關事宜。

十四、經濟主管機關：主管兒童及少年相關商品與非機械遊樂設施標準之建立及遊戲軟體分級等相關事宜。

十五、體育主管機關：主管兒童及少年體育活動等相關事宜。

十六、文化主管機關：主管兒童及少年藝文活動等相關事宜。

十七、其他兒童及少年福利措施，由相關目的事業主管機關依職權辦理。

第 8 條　下列事項，由中央主管機關掌理。但涉及中央目的事業主管機關職掌，依法應由中央目的事業主管機關掌理者，從其規定：

一、全國性兒童及少年福利政策、法規與方案之規劃、釐定及宣導事項。

二、對直轄市、縣（市）政府執行兒童及少年福利之監督及協調事項。

三、中央兒童及少年福利經費之分配及補助事項。

四、兒童及少年福利事業之策劃、獎助及評鑑之規劃事項。

五、兒童及少年福利專業人員訓練之規劃事項。

六、國際兒童及少年福利業務之聯繫、交流及合作事項。

七、兒童及少年保護業務之規劃事項。

八、中央或全國性兒童及少年福利機構之設立、監督及輔導事項。

九、其他全國性兒童及少年福利之策劃及督導事項。

第 9 條　下列事項，由直轄市、縣（市）主管機關掌理。但涉及地方目的事業主管機關職掌，依法應由地方目的事業主管機關掌理者，從其規定：

一、直轄市、縣（市）兒童及少年福利政策、自治法規與方案之規劃、釐定、宣導及執行事項。

二、中央兒童及少年福利政策、法規及方案之執行事項。

三、兒童及少年福利專業人員訓練之執行事項。

四、兒童及少年保護業務之執行事項。

五、直轄市、縣（市）兒童及少年福利機構之設立、監督及輔導事項。

六、其他直轄市、縣（市）兒童及少年福利之策劃及督導事項。

第 10 條　主管機關應以首長為召集人，邀集兒童及少年福利相關學者或專家、民間相關機構、團體代表及目的事業主管機關代表，協調、研究、審議、諮詢及推動兒童及少年福利政策。

前項兒童及少年福利相關學者、專家及民間相關機構、團體代表不得少於二分之一，單一性別不得少於三分之一。必要時，並得邀請少年代表列席。

第 11 條　政府及公私立機構、團體應培養兒童及少年福利專業人員，並應定期舉辦職前訓練及在職訓練。

第 12 條　兒童及少年福利經費之來源如下：

一、各級政府年度預算及社會福利基金。

二、私人或團體捐贈。

三、依本法所處之罰鍰。

四、其他相關收入。

第 13 條　主管機關應每四年對兒童及少年身心發展、社會參與、生活及需求現況進行調查、統計及分析，並公布結果。

第二章　身分權益

第 14 條　胎兒出生後七日內，接生人應將其出生之相關資料通報衛生主管機關備查；其為死產者，亦同。

接生人無法取得完整資料以填報出生通報者，仍應為前項之通報。

衛生主管機關應將第一項通報之新生兒資料轉知戶政主管機關，由其依相關規定辦理；必要時，戶政主管機關並得請求主管機關、警政及其他目的事業主管機關協助。

第一項通報之相關表單，由中央衛生主管機關定之。

第 15 條　從事收出養媒合服務，以經主管機關許可之財團法人、公私立兒童及少年安置、教養機構（以下統稱收出養媒合服務者）為限。

收出養媒合服務者從事收出養媒合服務，得向收養人收取服務費用。

第一項收出養媒合服務者之資格條件、申請程序、許可之發給、撤銷與廢止許可、服務範圍、業務檢查與其管理、停業、歇業、復業、前項之收費項目、基準及其他應遵行事項之辦法，由中央主管機關定之。

第 16 條　父母或監護人因故無法對其兒童及少年盡扶養義務而擬予出養時，應委託收出養媒合服務者代覓適當之收養人。但下列情形之出養，不在此限：
一、旁系血親在六親等以內及旁系姻親在五親等以內，輩分相當。
二、夫妻之一方收養他方子女。
前項收出養媒合服務者於接受委託後，應先為出養必要性之訪視調查，並作成評估報告；評估有出養必要者，應即進行收養人之評估，並提供適當之輔導及協助等收出養服務相關措施；經評估不宜出養者，應即提供或轉介相關福利服務。
第一項出養，以國內收養人優先收養為原則。

第 17 條　聲請法院認可兒童及少年之收養，除有前條第一項但書規定情形者外，應檢附前條第二項之收出養評估報告。未檢附者，法院應定期間命其補正；逾期不補正者，應不予受理。
法院認可兒童及少年之收養前，得採行下列措施，供決定認可之參考：
一、命直轄市、縣（市）主管機關、兒童及少年福利機構、其他適當之團體或專業人員進行訪視，提出訪視報告及建議。
二、命收養人與兒童及少年先行共同生活一段期間；共同生活期間，對於兒童及少年權利義務之行使或負擔，由收養人為之。
三、命收養人接受親職準備教育課程、精神鑑定、藥、酒癮檢測或其他維護兒童及少年最佳利益之必要事項；其費用，由收養人自行負擔。
四、命直轄市、縣（市）主管機關調查被遺棄兒童及少年身分資料。
依前項第一款規定進行訪視者，應評估出養之必要性，並給予必要之協助；其無出養之必要者，應建議法院不為收養之認可。
收養人或收養事件之利害關係人亦得提出相關資料或證據，供法院斟酌。

第 18 條　父母對於兒童及少年出養之意見不一致，或一方所在不明時，父母之一方仍可向法院聲請認可。經法院調查認為收養乃符合兒童及少年之最佳利益時，應予認可。
法院認可或駁回兒童及少年收養之聲請時，應以書面通知直轄市、縣（市）主管機關，直轄市、縣（市）主管機關應為必要之訪視或其他

處置，並作成紀錄。

第 19 條 收養兒童及少年經法院認可者，收養關係溯及於收養書面契約成立時發生效力；無書面契約者，以向法院聲請時為收養關係成立之時；有試行收養之情形者，收養關係溯及於開始共同生活時發生效力。

聲請認可收養後，法院裁定前，兒童及少年死亡者，聲請程序終結。

收養人死亡者，法院應命直轄市、縣（市）主管機關、兒童及少年福利機構、其他適當之團體或專業人員為評估，並提出報告及建議，法院認收養於兒童及少年有利益時，仍得為認可收養之裁定，其效力依前項之規定。

第 20 條 養父母對養子女有下列行為之一者，養子女、利害關係人或主管機關得向法院請求宣告終止其收養關係：

一、有第四十九條各款所定行為之一。

二、違反第四十三條第二項或第四十七條第二項規定，情節重大。

第 21 條 中央主管機關應保存出養人、收養人及被收養兒童及少年之身分、健康等相關資訊之檔案。

收出養媒合服務者及經法院交查之直轄市、縣（市）主管機關、兒童及少年福利機構、其他適當之團體或專業人員，應定期將前項收出養相關資訊提供中央主管機關保存。

辦理收出養業務、資訊保存或其他相關事項之人員，對於第一項資訊，應妥善維護當事人之隱私，除法律另有規定外，應予保密。

第一項資訊之範圍、來源、管理及使用辦法，由中央主管機關定之。

第 22 條 主管機關應會同戶政、移民主管機關協助未辦理戶籍登記、無國籍或未取得居留、定居許可之兒童、少年依法辦理有關戶籍登記、歸化、居留或定居等相關事項。

前項兒童、少年於戶籍登記完成前或未取得居留、定居許可前，其社會福利服務、醫療照顧、就學權益等事項，應依法予以保障。

第三章　福利措施

第 23 條 直轄市、縣（市）政府，應建立整合性服務機制，並鼓勵、輔導、委託民間或自行辦理下列兒童及少年福利措施：

一、建立發展遲緩兒童早期通報系統，並提供早期療育服務。

二、辦理兒童托育服務。

三、對兒童、少年及其家庭提供諮詢服務。

四、對兒童、少年及其父母辦理親職教育。

五、對於無力撫育其未滿十二歲之子女或受監護人者，視需要予以托育、家庭生活扶助或醫療補助。

六、對於無謀生能力或在學之少年，無扶養義務人或扶養義務人無力維持其生活者，予以生活扶助、協助就學或醫療補助，並協助培養其自立生活之能力。

七、早產兒、罕見疾病、重病兒童、少年及發展遲緩兒童之扶養義務人無力支付醫療費用之補助。

八、對於不適宜在家庭內教養或逃家之兒童及少年，提供適當之安置。

九、對於無依兒童及少年，予以適當之安置。

十、對於因懷孕或生育而遭遇困境之兒童、少年及其子女，予以適當之安置、生活扶助、醫療補助、托育補助及其他必要協助。

十一、辦理兒童課後照顧服務。

十二、對結束安置無法返家之少年，提供自立生活適應協助。

十三、辦理兒童及少年安全與事故傷害之防制、教育、宣導及訓練等服務。

十四、其他兒童、少年及其家庭之福利服務。

前項第五款至第七款及第十款之托育、生活扶助及醫療補助請領資格、條件、程序、金額及其他相關事項之辦法，分別由中央及直轄市主管機關定之。

第一項第九款無依兒童及少年之通報、協尋、安置方式、要件、追蹤之處理辦法，由中央主管機關定之。

第　24　條　文化、教育、體育主管機關應鼓勵、輔導民間或自行辦理兒童及少年適當之休閒、娛樂及文化活動，並提供合適之活動空間。

目的事業主管機關對於辦理前項活動著有續效者，應予獎勵表揚。

第　25　條　直轄市、縣（市）主管機關應辦理居家式托育服務之管理、監督及輔導等相關事項。

前項所稱居家式托育服務，指兒童由其三親等內親屬以外之人員，於

居家環境中提供收費之托育服務。

直轄市、縣（市）主管機關應以首長為召集人，邀集學者或專家、居家托育員代表、兒童及少年福利團體代表、家長團體代表、婦女團體代表、勞工團體代表，協調、研究、審議及諮詢居家式托育服務、收退費、人員薪資、監督考核等相關事宜，並建立運作管理機制，應自行或委託相關專業之機構、團體辦理。

第 26 條　提供居家式托育服務者，應向直轄市、縣（市）主管機關辦理登記後，始得為之。

居家式托育服務提供者應年滿二十歲並具備下列資格之一：

一、取得保母人員技術士證。

二、高級中等以上學校幼兒保育、家政、護理相關學程、科、系、所畢業。

三、修畢保母專業訓練課程，並領有結業證書。

直轄市、縣（市）主管機關為辦理居家式托育服務提供者之登記、管理、輔導、監督等事項，應自行或委託相關專業機構、團體辦理。

第一項提供居家式托育服務者之收托人數、登記、輔導、管理、收退費基準及其他應遵行事項之辦法，由中央主管機關定之。

第 27 條　政府應規劃實施兒童及少年之醫療照顧措施；必要時，並得視其家庭經濟條件補助其費用。

前項費用之補助對象、項目、金額及其程序等之辦法，由中央主管機關定之。

第 28 條　中央主管機關及目的事業主管機關應定期召開兒童及少年事故傷害防制協調會議，以協調、研究、審議、諮詢、督導、考核及辦理下列事項：

一、兒童及少年事故傷害資料登錄。

二、兒童及少年安全教育教材之建立、審核及推廣。

三、兒童及少年遊戲與遊樂設施、玩具、用品、交通載具等標準、檢查及管理。

四、其他防制機制之建立及推動。

前項會議應遴聘學者專家、民間團體及相關機關代表提供諮詢。學者專家、民間團體代表之人數，不得少於總數二分之一。

第　29　條　下列兒童及少年所使用之交通載具應予輔導管理，以維護其交通安全：

一、幼童專用車。

二、公私立學校之校車。

三、短期補習班或兒童課後照顧服務班及中心之接送車。

前項交通載具之申請程序、輔導措施、管理與隨車人員之督導管理及其他應遵行事項之辦法，由中央教育主管機關會同交通主管機關定之。

第　30　條　疑似發展遲緩、發展遲緩或身心障礙兒童及少年之父母或監護人，得申請警政主管機關建立指紋資料。

前項資料，除作為失蹤協尋外，不得作為其他用途之使用。

第一項指紋資料按捺、塗銷及管理辦法，由中央警政主管機關定之。

第　31　條　政府應建立六歲以下兒童發展之評估機制，對發展遲緩兒童，應按其需要，給予早期療育、醫療、就學及家庭支持方面之特殊照顧。

父母、監護人或其他實際照顧兒童之人，應配合前項政府對發展遲緩兒童所提供之各項特殊照顧。

第一項早期療育所需之篩檢、通報、評估、治療、教育等各項服務之銜接及協調機制，由中央主管機關會同衛生、教育主管機關規劃辦理。

第　32　條　各類社會福利、教育及醫療機構，發現有疑似發展遲緩兒童，應通報直轄市、縣（市）主管機關。直轄市、縣（市）主管機關應將接獲資料，建立檔案管理，並視其需要提供、轉介適當之服務。

前項通報流程及檔案管理等相關事項之辦法，由中央主管機關定之。

第　33　條　兒童及孕婦應優先獲得照顧。

交通及醫療等公、民營事業應提供兒童及孕婦優先照顧措施。

國內大眾交通運輸、文教設施、風景區與康樂場所等公營、公辦民營及民營事業，應以年齡為標準，提供兒童優惠措施，並應提供未滿一定年齡之兒童免費優惠。

前項兒童優惠措施之適用範圍及一定年齡，由各目的事業主管機關定之。

第　34　條　少年年滿十五歲或國民中學畢業，有進修或就業意願者，教育、勞工主管機關應視其性向及志願，輔導其進修、接受職業訓練或就業。

教育主管機關應依前項規定辦理並督導高級中等以下學校辦理職涯教育、勞動權益及職業安全教育。

勞工主管機關應依第一項規定提供職業訓練、就業準備、職場體驗、就業媒合、支持性就業安置及其他就業服務措施。

第　35　條　雇主對年滿十五歲或國民中學畢業之少年員工應保障其教育進修機會；其辦理績效良好者，勞工主管機關應予獎勵。

第　36　條　勞工主管機關對於缺乏技術及學歷，而有就業需求之少年，應整合教育及社政主管機關，提供個別化就業服務措施。

第　37　條　高級中等以下學校應協調建教合作機構與學生及其法定代理人，簽訂書面訓練契約，明定權利義務關係。

前項書面訓練契約之格式、內容，中央教育主管機關應訂定定型化契約範本與其應記載及不得記載事項。

第　38　條　政府應結合民間機構、團體鼓勵兒童及少年參與學校、社區等公共事務，並提供機會，保障其參與之權利。

第　39　條　政府應結合民間機構、團體鼓勵國內兒童及少年文學、視聽出版品與節目之創作、優良國際兒童及少年視聽出版品之引進、翻譯及出版。

第　40　條　政府應結合或鼓勵民間機構、團體對優良兒童及少年出版品、錄影節目帶、廣播、遊戲軟體及電視節目予以獎勵。

第　41　條　為確保兒童及少年之遊戲及休閒權利，促進其身心健康，除法律另有規定者外，國民小學每週兒童學習節數不得超過教育部訂定之課程綱要規定上限。

中央目的事業主管機關應邀集兒童及少年事務領域之專家學者、民間團體代表參與課程綱要之設計與規劃。

第　42　條　為確保兒童及少年之受教權，對於因特殊狀況無法到校就學者，家長得依國民教育法相關規定向直轄市、縣（市）政府申請非學校型態實驗教育。

第四章　保護措施

第　43　條　兒童及少年不得為下列行為：

一、吸菸、飲酒、嚼檳榔。

二、施用毒品、非法施用管制藥品或其他有害身心健康之物質。

三、觀看、閱覽、收聽或使用有害其身心健康之暴力、血腥、色情、

　　　　猥褻、賭博之出版品、圖畫、錄影節目帶、影片、光碟、磁片、
　　　　電子訊號、遊戲軟體、網際網路內容或其他物品。

四、在道路上競駛、競技或以蛇行等危險方式駕車或參與其行為。

父母、監護人或其他實際照顧兒童及少年之人，應禁止兒童及少年為
前項各款行為。

任何人均不得供應第一項之物質、物品予兒童及少年。

第　44　條　新聞紙以外之出版品、錄影節目帶、遊戲軟體應由有分級管理義務之
　　　　人予以分級；其他有事實認定影響兒童及少年身心健康之虞之物品經
　　　　目的事業主管機關認定應予分級者，亦同。

前項物品之分級類別、內容、標示、陳列方式、管理、有分級管理義
務之人及其他應遵行事項之辦法，由中央目的事業主管機關定之。

第　45　條　新聞紙不得刊載下列有害兒童及少年身心健康之內容。但引用司法機
　　　　關或行政機關公開之文書而為適當之處理者，不在此限：

一、過度描述（繪）強制性交、猥褻、自殺、施用毒品等行為細節之
　　文字或圖片。

二、過度描述（繪）血腥、色情細節之文字或圖片。

為認定前項內容，報業商業同業公會應訂定防止新聞紙刊載有害兒童
及少年身心健康內容之自律規範及審議機制，報中央主管機關備查。

新聞紙業者經舉發有違反第一項之情事者，報業商業同業公會應於三
個月內，依據前項自律規範及審議機制處置。必要時，得延長一個月。

有下列情事之一者，主管機關應邀請報業商業同業公會代表、兒童及
少年福利團體代表以及專家學者代表，依第二項備查之自律規範，共
同審議認定之：

一、非屬報業商業同業公會會員之新聞紙業者經舉發有違反第一項之
　　情事。

二、報業商業同業公會就前項案件逾期不處置。

三、報業商業同業公會就前項案件之處置結果，經新聞紙刊載之當事
　　人、受處置之新聞紙業者或兒童及少年福利團體申訴。

第　46　條　為防止兒童及少年接觸有害其身心發展之網際網路內容，由通訊傳播
　　　　主管機關召集各目的事業主管機關委託民間團體成立內容防護機構，
　　　　並辦理下列事項：

一、兒童及少年使用網際網路行為觀察。

二、申訴機制之建立及執行。

三、內容分級制度之推動及檢討。

四、過濾軟體之建立及推動。

五、兒童及少年上網安全教育宣導。

六、推動網際網路平臺提供者建立自律機制。

七、其他防護機制之建立及推動。

網際網路平臺提供者應依前項防護機制，訂定自律規範採取明確可行防護措施；未訂定自律規範者，應依相關公（協）會所定自律規範採取必要措施。

網際網路平臺提供者經目的事業主管機關告知網際網路內容有害兒童及少年身心健康或違反前項規定未採取明確可行防護措施者，應為限制兒童及少年接取、瀏覽之措施，或先行移除。

前三項所稱網際網路平臺提供者，指提供連線上網後各項網際網路平臺服務，包含在網際網路上提供儲存空間，或利用網際網路建置網站提供資訊、加值服務及網頁連結服務等功能者。

第 47 條　兒童及少年不得出入酒家、特種咖啡茶室、成人用品零售業、限制級電子遊戲場及其他涉及賭博、色情、暴力等經主管機關認定足以危害其身心健康之場所。

父母、監護人或其他實際照顧兒童及少年之人，應禁止兒童及少年出入前項場所。

第一項場所之負責人及從業人員應拒絕兒童及少年進入。

第 48 條　父母、監護人或其他實際照顧兒童及少年之人，應禁止兒童及少年充當前條第一項場所之侍應或從事危險、不正當或其他足以危害或影響其身心發展之工作。

任何人不得利用、僱用或誘迫兒童及少年從事前項之工作。

第 49 條　任何人對於兒童及少年不得有下列行為：

一、遺棄。

二、身心虐待。

三、利用兒童及少年從事有害健康等危害性活動或欺騙之行為。

四、利用身心障礙或特殊形體兒童及少年供人參觀。

五、利用兒童及少年行乞。

六、剝奪或妨礙兒童及少年接受國民教育之機會。

七、強迫兒童及少年婚嫁。

八、拐騙、綁架、買賣、質押兒童及少年。

九、強迫、引誘、容留或媒介兒童及少年為猥褻行為或性交。

十、供應兒童及少年刀械、槍砲、彈藥或其他危險物品。

十一、利用兒童及少年拍攝或錄製暴力、血腥、色情、猥褻或其他有
　　　害兒童及少年身心健康之出版品、圖畫、錄影節目帶、影片、
　　　光碟、磁片、電子訊號、遊戲軟體、網際網路內容或其他物品。

十二、對兒童及少年散布或播送有害其身心發展之出版品、圖畫、錄
　　　影節目帶、影片、光碟、電子訊號、遊戲軟體或其他物品。

十三、應列為限制級物品，違反依第四十四條第二項所定辦法中有關
　　　陳列方式之規定而使兒童及少年得以觀看或取得。

十四、於網際網路散布或播送有害兒童及少年身心健康之內容，未採
　　　取明確可行之防護措施，或未配合網際網路平臺提供者之防護
　　　機制，使兒童或少年得以接取或瀏覽。

十五、帶領或誘使兒童及少年進入有礙其身心健康之場所。

十六、強迫、引誘、容留或媒介兒童及少年為自殺行為。

十七、其他對兒童及少年或利用兒童及少年犯罪或為不正當之行為。

第 50 條　孕婦不得吸菸、酗酒、嚼檳榔、施用毒品、非法施用管制藥品或為其
　　　　　他有害胎兒發育之行為。

　　　　　任何人不得強迫、引誘或以其他方式使孕婦為有害胎兒發育之行為。

第 51 條　父母、監護人或其他實際照顧兒童及少年之人不得使兒童獨處於易發
　　　　　生危險或傷害之環境；對於六歲以下兒童或需要特別看護之兒童及少
　　　　　年，不得使其獨處或由不適當之人代為照顧。

第 52 條　兒童及少年有下列情事之一者，直轄市、縣（市）主管機關得依其父
　　　　　母、監護人或其他實際照顧兒童及少年之人之申請或經其同意，協調
　　　　　適當之機構協助、輔導或安置之：

一、違反第四十三條第一項、第四十七條第一項規定或從事第四十八
　　條第一項禁止從事之工作，經其父母、監護人或其他實際照顧兒
　　童及少年之人盡力禁止而無效果。

二、有偏差行為，情形嚴重，經其父母、監護人或其他實際照顧兒童
　　及少年之人盡力矯正而無效果。

前項機構協助、輔導或安置所必要之生活費、衛生保健費、學雜費、
代收代辦費及其他相關費用，由扶養義務人負擔；其收費規定，由直
轄市、縣（市）主管機關定之。

第 53 條　醫事人員、社會工作人員、教育人員、保育人員、警察、司法人員、
　　　　　村（里）幹事及其他執行兒童及少年福利業務人員，於執行業務時知
　　　　　悉兒童及少年有下列情形之一者，應立即向直轄市、縣（市）主管機
　　　　　關通報，至遲不得超過二十四小時：

一、施用毒品、非法施用管制藥品或其他有害身心健康之物質。

二、充當第四十七條第一項場所之侍應。

三、遭受第四十九條各款之行為。

四、有第五十一條之情形。

五、有第五十六條第一項各款之情形。

六、遭受其他傷害之情形。

其他任何人知悉兒童及少年有前項各款之情形者，得通報直轄市、縣
（市）主管機關。

直轄市、縣（市）主管機關於知悉或接獲通報前二項案件時，應立即
處理，至遲不得超過二十四小時，其承辦人員並應於受理案件後四日
內提出調查報告。

前三項通報及處理辦法，由中央主管機關定之。

第一項及第二項通報人之身分資料，應予保密。

第 54 條　醫事人員、社會工作人員、教育人員、保育人員、警察、司法人員、
　　　　　村（里）幹事、村（里）長、公寓大廈管理服務人員及其他執行兒童
　　　　　及少年福利業務人員，於執行業務時知悉兒童及少年家庭遭遇經濟、
　　　　　教養、婚姻、醫療等問題，致兒童及少年有未獲適當照顧之虞，應通
　　　　　報直轄市、縣（市）主管機關。

直轄市、縣（市）主管機關於接獲前項通報後，應對前項家庭進行訪
視評估，並視其需要結合警政、教育、戶政、衛生、財政、金融管
理、勞政或其他相關機關提供生活、醫療、就學、托育及其他必要之
協助。

前二項通報及協助辦法，由中央主管機關定之。

第 54 條之 1　兒童之父母、監護人或其他實際照顧兒童之人，有違反毒品危害防制
　　　　　　條例者，於受通緝、羈押、觀察、勒戒、強制戒治或入獄服刑時，司
　　　　　　法警察官、司法警察、檢察官或法院應查訪兒童之生活與照顧狀況。
　　　　　　司法警察官、司法警察、檢察官、法院就前項情形進行查訪，知悉兒
　　　　　　童有第五十三條第一項各款情形及第五十四條之情事者，應依各該條
　　　　　　規定通報直轄市、縣（市）主管機關。

第　55　條　兒童及少年罹患性病或有酒癮、藥物濫用情形者，其父母、監護人或
　　　　　　其他實際照顧兒童及少年之人應協助就醫，或由直轄市、縣（市）主
　　　　　　管機關會同衛生主管機關配合協助就醫；必要時，得請求警政主管機
　　　　　　關協助。
　　　　　　前項治療所需之費用，由兒童及少年之父母、監護人負擔。但屬全民
　　　　　　健康保險給付範圍或依法補助者，不在此限。

第　56　條　兒童及少年有下列各款情形之一，非立即給予保護、安置或為其他處
　　　　　　置，其生命、身體或自由有立即之危險或有危險之虞者，直轄市、縣
　　　　　　（市）主管機關應予緊急保護、安置或為其他必要之處置：
　　　　　　一、兒童及少年未受適當之養育或照顧。
　　　　　　二、兒童及少年有立即接受診治之必要，而未就醫。
　　　　　　三、兒童及少年遭遺棄、身心虐待、買賣、質押，被強迫或引誘從事
　　　　　　　　不正當之行為或工作。
　　　　　　四、兒童及少年遭受其他迫害，非立即安置難以有效保護。
　　　　　　疑有前項各款情事之一，直轄市、縣（市）主管機關應基於兒童及少
　　　　　　年最佳利益，經多元評估後加強必要之緊急保護、安置或為其他必要
　　　　　　之處置。
　　　　　　直轄市、縣（市）主管機關為前項緊急保護、安置或為其他必要之處
　　　　　　置時，得請求檢察官或當地警察機關協助之。
　　　　　　第一項兒童及少年之安置，直轄市、縣（市）主管機關得辦理家庭寄
　　　　　　養、交付適當之兒童及少年福利機構或其他安置機構教養之。

第　57　條　直轄市、縣（市）主管機關依前條規定緊急安置時，應即通報當地地
　　　　　　方法院及警察機關，並通知兒童及少年之父母、監護人。但其無父
　　　　　　母、監護人或通知顯有困難時，得不通知之。

緊急安置不得超過七十二小時,非七十二小時以上之安置不足以保護兒童及少年者,得聲請法院裁定繼續安置。繼續安置以三個月為限;必要時,得聲請法院裁定延長之,每次得聲請延長三個月。

繼續安置之聲請,得以電訊傳真或其他科技設備為之。

第 58 條　前條第二項所定七十二小時,自依前條第一項規定緊急安置兒童及少年之時起,即時起算。但下列時間不予計入:

一、在途護送時間。

二、交通障礙時間。

三、其他不可抗力之事由所生之遲滯時間。

第 59 條　直轄市、縣(市)主管機關、父母、監護人、受安置兒童及少年對於第五十七條第二項裁定有不服者,得於裁定送達後十日內提起抗告。對於抗告法院之裁定不得再抗告。

聲請及抗告期間,原安置機關、機構或寄養家庭得繼續安置。

安置期間因情事變更或無依原裁定繼續安置之必要者,直轄市、縣(市)主管機關、父母、原監護人、受安置兒童及少年得向法院聲請變更或撤銷之。

直轄市、縣(市)主管機關對於安置期間期滿或依前項撤銷安置之兒童及少年,應續予追蹤輔導至少一年。

第 60 條　安置期間,直轄市、縣(市)主管機關或受其交付安置之機構或寄養家庭在保護安置兒童及少年之範圍內,行使、負擔父母對於未成年子女之權利義務。

法院裁定得繼續安置兒童及少年者,直轄市、縣(市)主管機關或受其交付安置之機構或寄養家庭,應選任其成員一人執行監護事務,並負與親權人相同之注意義務。直轄市、縣(市)主管機關應陳報法院執行監護事項之人,並應按個案進展作成報告備查。

安置期間,兒童及少年之父母、原監護人、親友、師長經直轄市、縣(市)主管機關同意,得依其約定時間、地點及方式,探視兒童及少年。不遵守約定或有不利於兒童及少年之情事者,直轄市、縣(市)主管機關得禁止探視。

直轄市、縣(市)主管機關為前項同意前,應尊重兒童及少年之意願。

第 61 條　安置期間,非為貫徹保護兒童及少年之目的,不得使其接受訪談、偵

訊、訊問或身體檢查。

兒童及少年接受訪談、偵訊、訊問或身體檢查，應由社會工作人員陪同，並保護其隱私。

第　62　條　兒童及少年因家庭發生重大變故，致無法正常生活於其家庭者，其父母、監護人、利害關係人或兒童及少年福利機構，得申請直轄市、縣（市）主管機關安置或輔助。

前項安置，直轄市、縣（市）主管機關得辦理家庭寄養、交付適當之兒童及少年福利機構或其他安置機構教養之。

直轄市、縣（市）主管機關、受寄養家庭或機構依第一項規定，在安置兒童及少年之範圍內，行使、負擔父母對於未成年子女之權利義務。

第一項之家庭情況改善者，被安置之兒童及少年仍得返回其家庭，並由直轄市、縣（市）主管機關續予追蹤輔導至少一年。

第二項及第五十六條第四項之家庭寄養，其寄養條件、程序與受寄養家庭之資格、許可、督導、考核及獎勵之規定，由直轄市、縣（市）主管機關定之。

第　63　條　直轄市、縣（市）主管機關依第五十六條第四項或前條第二項對兒童及少年為安置時，因受寄養家庭或安置機構提供兒童及少年必要服務所需之生活費、衛生保健費、學雜費、代收代辦費及其他與安置有關之費用，得向扶養義務人收取；其收費規定，由直轄市、縣（市）主管機關定之。

第　64　條　兒童及少年有第四十九條或第五十六條第一項各款情事，或屬目睹家庭暴力之兒童及少年，經直轄市、縣（市）主管機關列為保護個案者，該主管機關應於三個月內提出兒童及少年家庭處遇計畫；必要時，得委託兒童及少年福利機構或團體辦理。

前項處遇計畫得包括家庭功能評估、兒童及少年安全與安置評估、親職教育、心理輔導、精神治療、戒癮治療或其他與維護兒童及少年或其他家庭正常功能有關之協助及福利服務方案。

處遇計畫之實施，兒童及少年本人、父母、監護人、其他實際照顧兒童及少年之人或其他有關之人應予配合。

第　65　條　依本法安置兩年以上之兒童及少年，經直轄市、縣（市）主管機關評估其家庭功能不全或無法返家者，應提出長期輔導計畫。

前項長期輔導計畫得委託兒童及少年福利機構或團體為之。

第 66 條 依本法保護、安置、訪視、調查、評估、輔導、處遇兒童及少年或其家庭，應建立個案資料，並定期追蹤評估。

因職務上所知悉之秘密或隱私及所製作或持有之文書，應予保密，非有正當理由，不得洩漏或公開。

第 67 條 直轄市、縣（市）主管機關對於依少年事件處理法以少年保護事件、少年刑事案件處理之兒童、少年及其家庭，應持續提供必要之福利服務。

前項福利服務，得委託兒童及少年福利機構或團體為之。

第 68 條 直轄市、縣（市）主管機關對於依少年事件處理法交付安置輔導或感化教育結束、停止或免除，或經交付轉介輔導之兒童、少年及其家庭，應予追蹤輔導至少一年。

前項追蹤輔導，得委託兒童及少年福利機構或團體為之。

第 69 條 宣傳品、出版品、廣播、電視、網際網路或其他媒體對下列兒童及少年不得報導或記載其姓名或其他足以識別身分之資訊：

一、遭受第四十九條或第五十六條第一項各款行為。

二、施用毒品、非法施用管制藥品或其他有害身心健康之物質。

三、為否認子女之訴、收養事件、親權行使、負擔事件或監護權之選定、酌定、改定事件之當事人或關係人。

四、為刑事案件、少年保護事件之當事人或被害人。

行政機關及司法機關所製作必須公開之文書，除前項第三款或其他法律特別規定之情形外，亦不得揭露足以識別前項兒童及少年身分之資訊。

除前二項以外之任何人亦不得於媒體、資訊或以其他公示方式揭示有關第一項兒童及少年之姓名及其他足以識別身分之資訊。

第一、二項如係為增進兒童及少年福利或維護公共利益，且經行政機關邀集相關機關、兒童及少年福利團體與報業商業同業公會代表共同審議後，認為有公開之必要，不在此限。

第 70 條 直轄市、縣（市）主管機關就本法規定事項，必要時，得自行或委託兒童及少年福利機構、團體或其他適當之專業人員進行訪視、調查及處遇。

直轄市、縣（市）主管機關、受其委託之機構、團體或專業人員進行
訪視、調查及處遇時，兒童及少年之父母、監護人、其他實際照顧兒
童及少年之人、師長、雇主、醫事人員及其他有關之人應予配合並提
供相關資料；必要時，該直轄市、縣（市）主管機關並得請求警政、
戶政、財政、教育或其他相關機關或機構協助，被請求之機關或機構
應予配合。

第　71　條　父母或監護人對兒童及少年疏於保護、照顧情節嚴重，或有第四十九
條、第五十六條第一項各款行為，或未禁止兒童及少年施用毒品、非
法施用管制藥品者，兒童及少年或其最近尊親屬、直轄市、縣（市）
主管機關、兒童及少年福利機構或其他利害關係人，得請求法院宣告
停止其親權或監護權之全部或一部，或得另行聲請選定或改定監護
人；對於養父母，並得請求法院宣告終止其收養關係。

法院依前項規定選定或改定監護人時，得指定直轄市、縣（市）主管
機關、兒童及少年福利機構之負責人或其他適當之人為兒童及少年之
監護人，並得指定監護方法、命其父母、原監護人或其他扶養義務人
交付子女、支付選定或改定監護人相當之扶養費用及報酬、命為其他
必要處分或訂定必要事項。

前項裁定，得為執行名義。

第　72　條　有事實足以認定兒童及少年之財產權益有遭受侵害之虞者，直轄市、
縣（市）主管機關得請求法院就兒童及少年財產之管理、使用、收益
或處分，指定或改定社政主管機關或其他適當之人任監護人或指定監
護之方法，並得指定或改定受託人管理財產之全部或一部，或命監護
人代理兒童及少年設立信託管理之。

前項裁定確定前，直轄市、縣（市）主管機關得代為保管兒童及少年
之財產。

第一項之財產管理及信託規定，由直轄市、縣（市）主管機關定之。

第　73　條　高級中等以下學校對依少年事件處理法交付安置輔導或施以感化教育
之兒童及少年，應依法令配合福利、教養機構或感化教育機構，執行
轉銜及復學教育計畫，以保障其受教權。

前項轉銜及復學作業之對象、程序、違反規定之處理及其他應遵循事
項之辦法，由中央教育主管機關會同法務主管機關定之。

第 74 條　法務主管機關應針對矯正階段之兒童及少年，依其意願，整合各主管
　　　　　機關提供就學輔導、職業訓練、就業服務或其他相關服務與措施，以
　　　　　協助其回歸家庭及社區。

第五章　福利機構

第 75 條　兒童及少年福利機構分類如下：
　　　　　一、托嬰中心。
　　　　　二、早期療育機構。
　　　　　三、安置及教養機構。
　　　　　四、心理輔導或家庭諮詢機構。
　　　　　五、其他兒童及少年福利機構。
　　　　　前項兒童及少年福利機構之規模、面積、設施、人員配置及業務範圍
　　　　　等事項之標準，由中央主管機關定之。
　　　　　第一項兒童及少年福利機構，各級主管機關應鼓勵、委託民間或自行
　　　　　創辦；其所屬公立兒童及少年福利機構之業務，必要時，並得委託民
　　　　　間辦理。
　　　　　直轄市、縣（市）主管機關為辦理托嬰中心托育服務之輔導及管理事
　　　　　項，應自行或委託相關專業之機構、團體辦理。
第 76 條　第二十三條第一項第十一款所稱兒童課後照顧服務，指招收國民小學
　　　　　階段學童，於學校上課以外時間，所提供之照顧服務。
　　　　　前項兒童課後照顧服務，得由各該教育主管機關指定國民小學辦理兒
　　　　　童課後照顧服務班；或由鄉（鎮、市、區）公所、私人、團體申請設
　　　　　立兒童課後照顧服務中心辦理之。
　　　　　前項兒童課後照顧服務班與兒童課後照顧服務中心之申請、設立、收
　　　　　費項目、用途及基準、管理、人員資格、設施設備、改制及其他應遵
　　　　　行事項之辦法，由中央教育主管機關定之。
　　　　　直轄市、縣（市）主管機關為辦理兒童課後照顧服務班及中心，應召
　　　　　開審議會，由機關首長或指定之代理人為召集人，成員應包含教育學
　　　　　者專家、家長團體代表、婦女團體代表、公益教保團體代表等。
第 77 條　托嬰中心應為其收托之兒童辦理團體保險。

前項團體保險，其範圍、金額、繳費方式、期程、給付標準、權利與義務、辦理方式及其他相關事項之辦法，由直轄市、縣（市）主管機關定之。

第 78 條　兒童及少年福利機構之業務，應遴用專業人員辦理；其專業人員之類別、資格、訓練及課程等之辦法，由中央主管機關定之。

第 79 條　依本法規定發給設立許可證書，免徵規費。

第 80 條　直轄市、縣（市）教育主管機關應設置社會工作人員或專任輔導人員執行本法相關業務。

前項人員之資格、設置、實施辦法，由中央教育主管機關定之。

第 81 條　有下列情事之一者，不得擔任兒童及少年福利機構或兒童課後照顧服務班及中心之負責人或工作人員：

一、有性騷擾、性侵害行為，經有罪判決確定。

二、行為不檢損害兒童及少年權益，其情節重大，經有關機關查證屬實。

三、罹患精神疾病或身心狀況違常，經主管機關委請相關專科醫師認定不能執行業務。

主管機關或教育主管機關應主動查證兒童及少年福利機構或兒童課後照顧服務班及中心負責人是否有前項第一款情事；兒童及少年福利機構或兒童課後照顧服務班及中心聘僱工作人員之前，亦應主動查證。

現職工作人員有第一項各款情事之一者，兒童及少年福利機構或兒童課後照顧服務班及中心應即停止其職務，並依相關規定予以調職、資遣、令其退休或終止勞動契約。

第八十二條私人或團體辦理兒童及少年福利機構，以向當地主管機關申請設立許可者為限；其有對外勸募行為或享受租稅減免者，應於設立許可之日起六個月內辦理財團法人登記。

未於前項期間辦理財團法人登記，而有正當理由者，得申請核准延長一次，期間不得超過三個月；屆期不辦理者，原許可失其效力。

第一項申請設立許可之要件、程序、審核期限、撤銷與廢止許可、督導管理、停業、歇業、復業及其他應遵行事項之辦法，由中央主管機關定之。

第 83 條　兒童及少年福利機構或兒童課後照顧服務班及中心，不得有下列情形

之一：

一、虐待或妨害兒童及少年身心健康。

二、供給不衛生之餐飲，經衛生主管機關查明屬實。

三、提供不安全之設施或設備，經目的事業主管機關查明屬實。

四、發現兒童及少年受虐事實，未向直轄市、縣（市）主管機關通報。

五、違反法令或捐助章程。

六、業務經營方針與設立目的不符。

七、財務收支未取具合法之憑證、捐款未公開徵信或會計紀錄未完備。

八、規避、妨礙或拒絕主管機關或目的事業主管機關輔導、檢查、監督。

九、對各項工作業務報告申報不實。

十、擴充、遷移、停業、歇業、復業未依規定辦理。

十一、有其他情事，足以影響兒童及少年身心健康。

第 84 條　兒童及少年福利機構不得利用其事業為任何不當之宣傳；其接受捐贈者，應公開徵信，並不得利用捐贈為設立目的以外之行為。

主管機關應辦理輔導、監督、檢查、獎勵及定期評鑑兒童及少年福利機構並公布評鑑報告及結果。

前項評鑑對象、項目、方式及獎勵方式等辦法，由主管機關定之。

第 85 條　兒童及少年福利機構停辦、停業、歇業、解散、經撤銷或廢止許可時，對於其收容之兒童及少年應即予適當之安置；其未能予以適當安置者，設立許可主管機關應協助安置，該機構應予配合。

第六章　罰則

第 86 條　接生人違反第十四條第一項規定者，由衛生主管機關處新臺幣六千元以上三萬元以下罰鍰。

第 87 條　違反第十五條第一項規定，未經許可從事收出養媒合服務者，由主管機關處新臺幣六萬元以上三十萬元以下罰鍰，並公布其姓名或名稱。

第 88 條　收出養媒合服務者違反依第十五條第三項所定辦法中有關業務檢查與管理、停業、歇業、復業之規定者，由許可主管機關通知限期改善，屆期未改善者，處新臺幣三萬元以上十五萬元以下罰鍰，並得按次處

罰；情節嚴重者，得命其停辦一個月以上一年以下，並公布其名稱或
姓名。

依前項規定命其停辦，拒不遵從或停辦期限屆滿未改善者，許可主管
機關應廢止其許可。

第　89　條　違反第二十一條第三項、第五十三條第五項、第六十六條第二項或第
六十九條第三項而無正當理由者，處新臺幣二萬元以上十萬元以下罰
鍰。

第　90　條　違反第二十六條第一項規定者，處新臺幣六千元以上三萬元以下罰
鍰，並命其限期改善，屆期仍未改善者，得按次處罰。

違反第二十六條第四項所定辦法有關收托人數、登記及輔導結果列入
應改善而逾期未改善之規定，應令其限期改善，屆期仍未改善者，處
新臺幣六千元以上三萬元以下罰鍰，並得按次處罰；其情節重大或經
處罰三次後仍未改善者，得廢止其登記。

第　91　條　父母、監護人或其他實際照顧兒童及少年之人，違反第四十三條第二
項規定，情節嚴重者，處新臺幣一萬元以上五萬元以下罰鍰；其未禁
止兒童及少年為第四十三條第一項第二款行為者，並得命其接受八小
時以上五十小時以下之親職教育輔導。

供應酒或檳榔予兒童及少年者，處新臺幣三千元以上一萬五千元以下
罰鍰。

供應毒品、非法供應管制藥品或其他有害身心健康之物質予兒童及少
年者，處新臺幣六萬元以上三十萬元以下罰鍰。

供應有關暴力、血腥、色情或猥褻出版品、圖畫、錄影節目帶、影
片、光碟、電子訊號、遊戲軟體或其他物品予兒童及少年者，處新臺
幣二萬元以上十萬元以下罰鍰。

第　92　條　新聞紙以外之出版品、錄影節目帶、遊戲軟體或其他經主管機關認定
有影響兒童及少年身心健康之虞應予分級之物品，其有分級管理義務
之人有下列情形之一者，處新臺幣五萬元以上二十五萬元以下罰鍰，
並命其限期改善，屆期未改善者，得按次處罰：

一、違反第四十四條第一項規定，未予分級。

二、違反依第四十四條第二項所定辦法中有關分級類別或內容之規定。

前項有分級管理義務之人違反依第四十四條第二項所定辦法中有關標

示之規定者，處新臺幣三萬元以上十五萬元以下罰鍰，並命其限期改善，屆期未改善者，得按次處罰。

第 93 條 新聞紙業者未依第四十五條第三項規定履行處置者，處新臺幣三萬元以上十五萬元以下罰鍰，並限期命其履行；屆期仍不履行者，得按次處罰至履行為止。經主管機關依第四十五條第四項規定認定者，亦同。

第 94 條 網際網路平臺提供者違反第四十六條第三項規定，未為限制兒童及少年接取、瀏覽之措施或先行移除者，由各目的事業主管機關處新臺幣六萬元以上三十萬元以下罰鍰，並命其限期改善，屆期未改善者，得按次處罰。

第 95 條 父母、監護人或其他實際照顧兒童及少年之人，違反第四十七條第二項規定者，處新臺幣一萬元以上五萬元以下罰鍰。
場所負責人或從業人員違反第四十七條第三項規定者，處新臺幣二萬元以上十萬元以下罰鍰，並公布場所負責人姓名。

第 96 條 父母、監護人或其他實際照顧兒童及少年之人，違反第四十八條第一項規定者，處新臺幣二萬元以上十萬元以下罰鍰，並公布其姓名。
違反第四十八條第二項規定者，處新臺幣六萬元以上三十萬元以下罰鍰，公布行為人及場所負責人之姓名，並命其限期改善；屆期未改善者，除情節嚴重，由主管機關移請目的事業主管機關命其歇業者外，命其停業一個月以上一年以下。

第 97 條 違反第四十九條第一款至第十一款或第十五款至第十七款規定之一者，處新臺幣六萬元以上三十萬元以下罰鍰，並得公布其姓名或名稱。但行為人為父母、監護人或其他實際照顧兒童及少年之人，經命其接受親職教育輔導且已依限完成者，不適用之。
違反第四十九條第十二款規定者，除新聞紙依第四十五條及第九十三條規定辦理外，處新臺幣五萬元以上二十五萬元以下罰鍰，並公布其姓名或名稱及命其限期改善；屆期未改善者，得按次處罰；情節嚴重者，並得勒令停業一個月以上一年以下。
違反第四十九條第十三款規定者，處新臺幣一萬元以上五萬元以下罰鍰，並公布其姓名或名稱及命其限期改善；屆期未改善者，得按次處罰。
違反第四十九條第十四款規定者，處新臺幣十萬元以上五十萬元以下

罰鍰，並公布其姓名或名稱及命其限期改善；屆期未改善者，得按次處罰；情節嚴重者，並得勒令停業一個月以上一年以下。

第 98 條　違反第五十條第二項規定者，處新臺幣一萬元以上五萬元以下罰鍰。

第 99 條　父母、監護人或其他實際照顧兒童及少年之人違反第五十一條規定者，處新臺幣三千元以上一萬五千元以下罰鍰。

第 100 條　醫事人員、社會工作人員、教育人員、保育人員、警察、司法人員、村（里）幹事或其他執行兒童及少年福利業務人員，違反第五十三條第一項規定而無正當理由者，處新臺幣六千元以上三萬元以下罰鍰。

第 101 條　父母、監護人或其他實際照顧兒童及少年之人使兒童及少年有第五十六條第一項各款情形之一，其情節嚴重者，得命其接受八小時以上五十小時以下之親職教育輔導。

第 102 條　父母、監護人或其他實際照顧兒童及少年之人經主管機關依第九十五條第一項、第九十六條第一項或第九十九條處罰，其情節嚴重者，並得命其接受八小時以上五十小時以下之親職教育輔導。

　　　　　父母、監護人或其他實際照顧兒童及少年之人依第九十一條第一項、前條或前項規定應接受親職教育輔導，如有正當理由無法如期參加，得申請延期。

　　　　　不接受親職教育輔導或拒不完成其時數者，處新臺幣三千元以上一萬五千元以下罰鍰；經再通知仍不接受者，得按次處罰至其參加為止。

第 103 條　宣傳品、出版品、廣播、電視、網際網路或其他媒體之負責人違反第六十九條第一項規定者，由目的事業主管機關處新臺幣三萬元以上十五萬元以下罰鍰，並得沒入第六十九條第一項規定之物品、限期命其移除內容、下架或其他必要之處置；屆期不履行者，得按次處罰至履行為止。但經第六十九條第四項審議後，認為有公開之必要者，不罰。

　　　　　前項媒體無負責人或負責人對行為人之行為不具監督關係者，前項所定之罰鍰，處罰行為人。

第 104 條　兒童及少年之父母、監護人、其他實際照顧兒童及少年之人、師長、雇主、醫事人員或其他有關之人違反第七十條第二項規定而無正當理由者，處新臺幣六千元以上三萬元以下罰鍰，並得按次處罰至其配合或提供相關資料為止。

第 105 條　違反第七十六條或第八十二條第一項前段規定，未申請設立許可而辦

理兒童及少年福利機構或兒童課後照顧服務班及中心者，由當地主管機關或教育主管機關處新臺幣六萬元以上三十萬元以下罰鍰及公布其姓名或名稱，並命其限期改善。

於前項限期改善期間，不得增加收托安置兒童及少年，違者處其負責人新臺幣六萬元以上三十萬元以下罰鍰，並得按次處罰。

經依第一項規定限期命其改善，屆期未改善者，再處其負責人新臺幣十萬元以上五十萬元以下罰鍰，並命於一個月內對於其收托之兒童及少年予以轉介安置；其無法辦理時，由當地主管機關協助之，負責人應予配合。不予配合者，強制實施之，並處新臺幣六萬元以上三十萬元以下罰鍰。

第 106 條　兒童及少年福利機構違反第八十二條第一項後段規定者，經設立許可主管機關命其立即停止對外勸募之行為而不遵命者，由設立許可主管機關處新臺幣六萬元以上三十萬元以下罰鍰，並得按次處罰且公布其名稱；情節嚴重者，並得命其停辦一個月以上一年以下。

第 107 條　兒童及少年福利機構或兒童課後照顧服務班及中心違反第八十三條第一款至第四款規定情形之一者，由設立許可主管機關處新臺幣六萬元以上三十萬元以下罰鍰，並命其限期改善，屆期未改善者，得按次處罰；情節嚴重者，得命其停辦一個月以上一年以下並公布其名稱。

未經許可從事兒童及少年福利機構或兒童課後照顧服務班及中心業務，經當地主管機關或教育主管機關依第一百零五條第一項規定命其限期改善，限期改善期間，有第八十三條第一款至第四款規定情形之一者，由當地主管機關或教育主管機關依前項規定辦理。

第 108 條　兒童及少年福利機構或兒童課後照顧服務班及中心違反第八十三條第五款至第十一款規定之一者，經設立許可主管機關命其限期改善，屆期未改善者，處新臺幣三萬元以上十五萬元以下罰鍰，並得按次處罰；情節嚴重者，得命其停辦一個月以上一年以下，並公布其名稱。

依前二條及前項規定命其停辦，拒不遵從或停辦期限屆滿未改善者，設立許可主管機關應廢止其設立許可。

第 109 條　兒童及少年福利機構違反第八十五條規定，不予配合設立許可主管機關安置者，由設立許可主管機關處新臺幣六萬元以上三十萬元以下罰鍰，並強制實施之。

第七章 附則

第 110 條　十八歲以上未滿二十歲之人，於緊急安置等保護措施，準用本法之規定。

第 111 條　直轄市、縣（市）主管機關依本法委託安置之兒童及少年，年滿十八歲，經評估無法返家或自立生活者，得繼續安置至年滿二十歲；其已就讀大專校院者，得安置至畢業為止。

第 112 條　成年人教唆、幫助或利用兒童及少年犯罪或與之共同實施犯罪或故意對其犯罪者，加重其刑至二分之一。但各該罪就被害人係兒童及少年已定有特別處罰規定者，從其規定。

　　　　　對於兒童及少年犯罪者，主管機關得獨立告訴。

第 113 條　以詐欺或其他不正當方法領取本法相關補助或獎勵費用者，主管機關應撤銷原處分並以書面限期命其返還，屆期未返還者，移送強制執行；其涉及刑事責任者，移送司法機關辦理。

第 114 條　扶養義務人不依本法規定支付相關費用者，如為保護兒童及少年之必要，由主管機關於兒童及少年福利經費中先行支付。

第 115 條　本法修正施行前已許可立案之兒童福利機構及少年福利機構，於本法修正公布施行後，其設立要件與本法及所授權辦法規定不相符合者，應於中央主管機關公告指定之期限內改善；屆期未改善者，依本法規定處理。

第 116 條　本法施行前經政府核准立案之課後托育中心應自本法施行之日起二年內，向教育主管機關申請改制完成為兒童課後照顧服務班及中心，屆期未申請者，應廢止其設立許可，原許可證書失其效力。

　　　　　前項未完成改制之課後托育中心，於本條施行之日起二年內，原核准主管機關依本法修正前法令管理。

　　　　　托育機構之托兒所未依幼兒教育及照顧法規定改制為幼兒園前，原核准主管機關依本法修正前法令管理。

第 117 條　本法施行細則，由中央主管機關定之。

第 118 條　本法除第十五條至第十七條、第二十九條、第七十六條、第八十七條、第八十八條及第一百十六條條文自公布六個月後施行，第二十五條、第二十六條及第九十條條文自公布三年後施行外，其餘自公布日施行。

國家圖書館出版品預行編目資料

兒童福利／林勝義著.--四版.--臺北市：五
南圖書出版股份有限公司,2014.11
面；　公分
ISBN 978-957-11-7900-1（平裝）
1.兒童福利
547.51　　　　　　　　　　103021736

1J80

兒童福利

作　　者 ― 林勝義(136)
發 行 人 ― 楊榮川
總 經 理 ― 楊士清
總 編 輯 ― 楊秀麗
副總編輯 ― 陳念祖
責任編輯 ― 李敏華
封面設計 ― 童安安
出 版 者 ― 五南圖書出版股份有限公司
地　　址：106 台北市大安區和平東路二段 339 號 4 樓
電　　話：(02)2705-5066　傳　　真：(02)2706-6100
網　　址：https://www.wunan.com.tw
電子郵件：wunan@wunan.com.tw
劃撥帳號：01068953
戶　　名：五南圖書出版股份有限公司

法律顧問　林勝安律師事務所　林勝安律師

出版日期　2009 年 1 月二版一刷
　　　　　2010 年 9 月二版三刷
　　　　　2012 年 10 月三版一刷
　　　　　2014 年 11 月四版一刷
　　　　　2021 年 10 月四版四刷
定　　價　新臺幣 340 元